Wipptal

Karl Mittermaier / Carla Wild

Wipptal

Tappeiner Verlag

Titelbild: Die Sonnenuhr am Sterzinger Zwölferturm.
   Foto: Wild

Vorsatz: Ausschnitt aus der Tirol-Karte von Peter Anich
   und Blasius Hueber; Kupferstich, Wien 1774

Abbildung gegenüber der Titelseite: Schloß Moos.
   Foto: Wild

Bildnachweis:
Robert Holzer: S. 95
Richard Jöchler: S. 20, 21, 44, 45, 53, 92, 93, 109, 125, 129,
   136, 137, 141, 143
Tappeiner: S. 14/15, 27, 43, 46, 49, 58/59, 62/63, 65, 70/71,
   74/75, 79, 86, 110/111, 118, 126 l., 126 r., 127 o., 127 u. l.,
   127 u. r., 130/131, 146/147
Dr. Carla Wild: S. 6/7, 11, 17, 18, 19, 22 o., 22 u., 23, 30,
   31/32 o., 30/31 u., 31, 34, 35, 38, 39, 42, 47, 51, 54, 55, 60,
   61, 66, 66/67 o., 66/67 u., 67, 68, 69, 81, 83, 85, 87, 90/91,
   97, 98, 99, 101, 102/103, 105, 106, 107, 112, 113, 114, 115,
   116 o., 116 u., 117, 119 o., 119 u., 122, 134, 135, 148, 150,
   150/151 o., 150/151 u., 151, Umschlag-Rückseite

Sämtliche Luftaufnahmen: Jakob Tappeiner
Genehmigungsnummern der Luftaufnahmen:
   SMA 450 vom 03. 06. 91
   SMA 480 vom 11. 06. 91

© Tappeiner Verlag GmbH
Bozen 1991
Alle Rechte vorbehalten
Lektorat, Layout und Satz: Helmut Krämer
Printed in Italy
ISBN 88-7073-123-5

Inhalt

Das Geheimnis eines Namens und einer Landschaft 8

Über den Brenner in den Süden 10
    Der alte Jaufenweg 16 – Die Brennerbahn 19 – Wo einst die Badmoidl die Gäste begrüßte 23

Franzens Festung 26

Bitten um die Gnade und Hilfe der Gottesmutter 33

Von den „Goldadern" des Wipptals – Geschichte von Erz und Silber 41

Entlang der Sill 57

Marktgespräche und Dichterworte rund um Gossensaß 77
    Goethe erhält in Sterzing kein Nachtquartier 84 – Über grüne Hosenträger und weiße Hemden bei Heinrich Heine 86

Brauchtum und Sagenwelt – lebendiges Zeugnis der Vergangenheit 92
    Die Mär vom Tiroler Hexer Mathäus Pfeifer vulgo Pfeifer Huisele 100

Von Tal zu Tal – Eindrücke einer Wanderung 105
    Einst pfitschte der Wildbach hinaus in das Tal 105 – Von Thuins über Telfes nach Mareit und Ridnaun hinaus nach Gasteig zur Einsiedelei von Rust 112

Sterzing – Zentrum des Wipptales 124
    Reges Treiben der Händler, Unternehmer und Spielleute 124 – Herkunft und Bedeutung des Namens geben Rätsel auf 124 – Einige Daten zur Geschichte 128 – Handwerk und Anfänge des Fremdenverkehrs 132 – Von lustigen Spielen und besinnlichen Themen 132 – Kunstdenkmäler und Kunstschätze 133

Von Forschern, Theologen, Glockengießern, Künstlern,
Dichtern und Rebellen 139
    Der bekannteste Namen aus dem Wipptal: Michael Gaismair 140 – Was der Kult des persischen Lichtgottes Mithras mit Mauls zu tun hat 142 – Ein Barockbildhauer aus Stilfes 144

Aspekte der Wirtschaft 148

Literatur 153

Register 157

Das Geheimnis eines Namens und einer Landschaft

Hinter jedem Namen steht eine unbekannte Geschichte, und jede Landschaft atmet in tiefen Zügen die Veränderungen der Zeit. Namen und Landschaft sind Meilensteine im zeitlosen Geschehen: Sie berichten vom Untergang großer Tage und vom Aufblühen erwartungsvoller Hoffnungen. Sie kennen kein Gedränge, und zuweilen klaffen sie auseinander und hetzen einander. Es ist der Lauf der Gezeiten, aus dem der Name erwacht und dann weiterlebt mit den Menschen, die kommen und gehen und von denen schon bald niemand mehr erzählt. Und dennoch liegt mit ihnen in den alten Kirchhöfen, unter den verwitterten Grabsteinen und eingesunkenen Grabhügeln eine kleine Weltgeschichte. Sie lebten einmal und hörten Fichten und Eichen rauschen und starrten verwundert in die Dunkelheit des Waldes.
Des Menschen Leben beginnt in seiner Kindheit. Der noch ungeformte Geist nimmt Stimmungsbilder auf, und die neugierigen Augen verfolgen den Lauf des Wassers, wenn es herabstürzt über die Felsen, mit unbändiger Kraft in die Tiefe schießt, oder wenn es sanft dahinfließt, und nur Sänger dem lautlosen Flüstern der stehenden Tropfen lauschen.
Die Großmutter auf dem Berghof wippt das Kind in der Schaukel ihrer Eltern. Die Alte schaukelt es auf der Wippe und erinnert sich an die vergangenen Jahre ihrer Jugend, als sie dem Gesang der Vögel im Garten lauschte, die da unaufhörlich mit dem Gefieder wippten.
Könnte das Geheimnis des Namens von Vipitenum und vielleicht auch vom Wipptal mit dem Schaukeln der Großmutter in einem Zusammenhang stehen? Wem diese Analogie Freude bereitet, mag daran festhalten, denn diese Verbindung deutet auf Geborgenheit und auf das kindliche, unschuldige Vergnügen hin, in dem der Mensch im Werden ist.
Aber Spaß beiseite, grollt der Sprachwissenschaftler, und verlangt mehr Ernst bei der Erklärung dieses Namens. Mit gerunzelter Stirn beginnt er seinen Vortrag und setzt voraus, daß allen bekannt sein muß, daß es einmal ein *Uuipitina* gab, aus dem der Ortsnamen Vipitenum hervorging – die Bezeichnung für die Stadt Sterzing, natürlich in ursprünglich romanisierter Form, nämlich Vibidenu. Keiner der Zuhörer gesteht ein, daß er davon nichts gewußt hat, und alle nicken gefällig dem Wissenschaftler zu, der jetzt mit erhobenem Zeigefinger und noch lauterer Stimme unterstreicht, es sei die Bedeutung dieses Uuipitina, eben dieses Ortes Sterzing gewesen, die Wipptal den Namen gab, denn das heiße bekanntlich nichts anderes als „zur Pfarre gehörend", denn Uuipitina war eine Urpfarre und als solche verantwortlich

Zur vorangegangenen Doppelseite:
Düsteres Relikt aus dem Mittelalter: Schloß Sprechenstein über dem nebeldurchwallten Eisacktal.

für die Verbreitung der Heilsbotschaft des Erlösers gewesen. Jetzt hat der alte Wissenschaftler den Faden verloren. Nach einer kurzen Atempause beginnt er nochmals, diesmal verstärken beide erhobenen Hände die Glaubwürdigkeit seiner Ausführung: Uuipitina verlieh dem Wipptal den Namen, denn Wipptal heißt nichts anderes als ein zur Pfarre Uuipitina gehöriges Tal. Tosender Beifall bricht unter den Hörern aus, und dennoch blickt der eine oder andere etwas verdrießlich drein – viel lieber wäre es ihm gewesen, die Bedeutung des Namens wäre ein Geheimnis geblieben oder man hätte es dabei belassen, Wipptal von „mitten im Wald" herzuleiten.

Es ist ein schönes Tal, das Wipptal; der bizarre Lauf der beiden Bäche, diesseits und jenseits des Brenners: Der Eisack ist zuerst mehr ein Waal denn ein Bach, der aber dennoch oft über seine Ufer trat und die Menschen das Fürchten lehrte. Nördlich fließt zuerst ebenso sanft die alte Sill das Tal hinab und begleitet treu den Wanderer seines Weges. Es ist ein Tal, wie es nur die Natur zu gebären imstande ist: Gießbäche und Wasserfälle, rauhe Felsen und Klüfte, Gletscher und ewiges Eis, fruchtbare grüne Wiesen und Gärten mit Blumen und Stacheln, Tannen, Fichten und Föhren, dunkle Wälder und ewige Almen, vergessene Pfade und buk-kelige Wege, Abgründe und Berge, und immer wieder Berge, soweit das Auge reicht – eine berauschende Symphonie in Stein.

Hier leben seit den ältesten Vorzeiten Menschen und ringen der Natur ihre Schätze ab. Hier war kein Leben umsonst, wie kurz es auch gedauert haben mag. Die Menschen rackerten sich ab und hinterließen jedesmal den Nachkommen ein größeres Stück Leben, in der Hoffnung, daß ihr Schweiß nicht umsonst gewesen war; daß sie ihr Leben weiterpflegen mit derselben Verantwortung, die schon ihnen ins Gewissen sprach.

In diesem ererbten Tal erschallt immer lauter der Kassandraruf. Der Wandel der Generationen verlangt mehr Respekt vor dem Alten, vor der Arbeit der Väter, und mehr Achtung vor dem Geheimnis des Tales, dessen Schätze nicht unerschöpflich sind und das sich nicht rücksichtslos ausbeuten läßt. Wenn die Luft sich nicht mehr atmen läßt und kein Vogel mehr im lauen Frühlingsmorgen den Gesang anstimmt, erst dann wird der Mensch sich zurückbesinnen auf die einstige gesunde Kraft dieser Landschaft: Auch die Macht eines Tales kann fürchterlich zurückschlagen; es ist ratsam, mit der Natur zusammenzuleben und sie nicht herauszufordern, dann können Mensch und Tier die Kraft der Jahreszeiten atmen und der mythische Zauber der Quellen und Wälder wird die Phantasie der Kinder begleiten.

Über den Brenner in den Süden

Die Geschichte der Wege, Pfade und Straßen läuft mit der Geschichte der Wirtschaft, der sozialen Entwicklung der Gesellschaft und Gemeinschaft einher. Seit dem ersten großen Einschnitt an der Wende vom Hochmittelalter zum Spätmittelalter, als die erste merkliche Bevölkerungsverschiebung vom Lande in die Städte erfolgte, die jetzt an vielen zentralen Knotenpunkten, an Wegkreuzungen, Marktplätzen, unter- und außerhalb von Schlössern, Burgen und Ansitzen, an geistlichen wie weltlichen Herrschaftszentren aus dem Boden schossen, ist die Straße in den Mittelpunkt der gemeinsamen menschlichen Errungenschaften gerückt.

Zuerst waren es nur ausgetretene, kaum erkennbare Steige. Durch häufige Begehungen waren sie immer deutlicher zu sehen. Mit den ausgetretenen Wegen entstanden erste Siedlungen. Steinwege waren es, die eine Wohnstätte mit der anderen verbanden. Oft führten sie weit in die Nebentäler hinein, hinauf zu den zerstreuten Gehöften. Die Menschen ersannen eigene Techniken, die Wege zu errichten und instandzuhalten. Es ist bekannt, daß es im zweiten vorchristlichen Jahrtausend im Wipp- und Eisacktal eine eigene Wegbautechnik gab. Spätestens seit der Frühbronzezeit, also seit etwa 1700 vor unserer Zeitrechnung, so wird allgemein angenommen, wurde der Brenner regelmäßig passiert.

Seit dem 7. Jahrhundert, immer noch vor der Geburt Christi, dient der Brenner als Bindeglied zwischen zwei Welten, zwei Kulturräumen: zwischen Norden und Süden, wobei die Kulturgrenze nicht genau auf dem Brenner verläuft, sondern etliche Kilometer weiter südlich. Wie immer ist es nicht einfach festzustellen, wo derartige, vom Menschen abhängige Grenzen verlaufen oder einmal verlaufen sind. Am Brenner jedenfalls gab es keine, wie schon das durch und durch auf beiden Seiten zusammengewachsene Wipptal beweist, das der Brenner durch seine Paßhöhe mit rund 1370 Metern zwar in etwa zwei gleich große Abschnitte teilt, nicht aber die gemeinsam gewachsene Kultur in zwei gleiche Teile spaltet.

Ähnlich ist es mit der klimatischen Paßhöhe. Am Brenner scheiden sich keineswegs die Temperaturen. Im Süden des Wipptales machen sich die klimatischen Veränderungen erst weit unterhalb von Sterzing allmählich bemerkbar. Die eigentliche Klimascheide liegt dann erst dort, wo das Wipptal in das mittlere Eisacktal übergeht; wo einst die Brixner Klause stand, wo in der Nähe heute die Autobahn eine Aus- und Einfahrt unterhält, für das Pustertal und für den Brixner Raum. Kaum anders ist es im Wipptal nördlich des Brenners: Auch hier erfolgt der klimatischen Umschwung erst nach und nach, je näher die Tiroler Landeshauptstadt Innsbruck rückt.

Über die Herkunft und Bedeutung des Namens Brenner ist im Lauf der Zeit viel geforscht, gerätselt und geschrieben worden. Noch vor hundert Jahren nahm man an, daß der Name vom Volk der Breonen herstamme, das bereits rund tausend Jahre vor Christus die Gegenden südlich und nördlich des Passes – das Wipptal – besiedelte. Vor achtzig Jahren wies Ludwig Steinberger nach, daß 1200 n. Chr. dichter Wald die Landschaft um den Paß ausfüllte und prägte. Danach muß der Großteil des Waldes gerodet worden sein. Der Boden wurde kultiviert, soweit das rauhe Klima es erlaubte. Der erste Bauernhof hieß Brenner – seit 1288 urkundlich nachweisbar als *Prennerius de Mittewald*, 1360 als Brennerhof; von ihm hat der Paß seinen Namen. Die Gegend wurde zu dieser Zeit auch als oberer Mittenwald bezeichnet.

Die kleine, von der Hauptstraße in der Talsohle aus nicht leicht erkennbare Kapelle auf dem Brennersattel beim Gasthaus zum Wolfen – ein Ort der Idylle, abseits des Straßenlärms von Autobahn, Staatsstraße und Eisenbahnlinie.

Der Siedlername „Prenner" scheint darauf hinzuweisen, daß der Hof aufgrund von Brandrodungen entstanden ist. Daß allerdings der berüchtigte Hunnenführer Etzel den Wald niedergebrannt haben soll, gehört wohl der Legende an.

Zur Römerzeit in der Antike muß der Weg durch das Wipptal über den Brenner schon gut begehbar gewesen und dementsprechend auch benützt worden sein. Unter Kaiser Septimus entstand eine Militärstraße; Meilensteine mit Inschriften zeugen davon. Neben den Breonen und Genaunen im Inntal und Wipptal lebten am Eisack die Isarken, von den Römern so benannt. Sie alle vermischten sich, wanderten ab oder mußten Neuankömmlingen Platz machen. Um 590 überwanden die Bajuwaren den Paß und nahmen das Eisack- und Pustertal ein – die Germanisierung erfolgte Schlag auf Schlag. Politische Bedeutung gewann der Paß aber erst im Hochmittelalter, von dem noch die Rede sein wird, als rund 60 deutsche Könige und Kaiser und etliche Päpste in großer Begleitung darüberzogen. Es entstand ein intensiver Handelsverkehr zwischen Venedig und Augsburg. Es mehrten sich aber auch die Gefahren, seit Wegelagerer und Raubgesindel ihr Handwerk auszuüben verstanden.

Der alte Römerweg zog sich, von Gossensaß kommend, von Unterried über Straßberg, Platz, Gänsbichl, Pontigl, Gigglhof hinauf zum Brenner. Die heutige Burg Straßberg bettet sich in die Landschaft wie ein kostbares Überbleibsel aus einer Zeit der herrschaftlichen Größe. Der älteste Brennerweg mag einst über die Höfegruppen von Matzes, Flans und Steckholz geführt haben. Erst später wird die Route bei Straßberg begangen worden sein. Vom Weg profitierte stets Sterzing durch seine überaus günstige Lage im breiten Talbecken, in das zwei große andere Täler münden; es lag direkt am Bernstein- und Salzweg, an der Römer-, später an der Kaiserstraße. Tatsächlich wurde in vorgeschichtlicher Zeit über diesen Alpenübergang vor allem Bernstein von osteuropäischen Ländern, vom Baltikum in westeuropäische Länder transportiert. Die Brennerstraße, wie sie heute bekannt ist, war in gewissem Sinn von jeher für eine bedeutende Verkehrs- und Handelsverbindung prädestiniert. Spätestens seit dem 13. Jahrhundert kann man von einem Welthandelsweg sprechen, denn zu dieser Zeit stand die Wirtschaft in den deutschen Städten und in norditalienischen Handelsmetropolen bereits im Zenit. Aus der Handelsstrecke entstand eine Reiseroute. Kulturen fremder Länder kamen so einander näher. Die Ortschaften an der Straße – von Innsbruck bis ins untere Eisacktal – hatten reichlich Anteil an diesem Pulsschlag der Weltgeschichte. Viele Menschen und ihre Waren überschritten den Paß und gelangten durch Tirol in den Süden. Deutsche Geschäftsleute führten zum Beispiel in Venedig eine eigene Herberge; das bekannte *Fondaco dei Tedeschi*.

Durch die deutschen Kaiserzüge wurde die Brennerstraße zu einer unentbehrlichen Einrichtung. Zwischen 967 und 1226 zogen viele der deutschen Herrscher nach Rom, um einerseits das Papsttum wieder zu rehabilitieren, dann ihre Herrschaft durch die Kaiserkrönung über das gesamte Abendland offiziell zu legitimieren. Reichgeschmückte Ritterheere überschritten den Paß, Tausende von Fußsoldaten marschierten hinterher. Es herrschte auch sonst reger Betrieb beiderseits der Paßhöhe, auf der Straße vom Norden in den Süden und umgekehrt: Geschäftsleute, Kaufleute, Pilger, Kreuzfahrer, Geistliche, Spielleute, Studenten, Bauern, Handwerker, Gesellen, Taglöhner, Bettler, Räuber, auch Scharlatane und allerlei Gesindel; sie alle waren unterwegs zu jener Zeit – im Grunde gab es zwischen damals und heute kaum einen Unterschied, sieht man einmal von der komfortableren Reisemöglichkeit und dem ver-

Zur folgenden Doppelseite:
Das eintönige Asphaltband der Brenner-Autobahn schlängelt sich
zwischen scheinbar noch unberührten Bergkuppen,
entlang der Dörfer und unterhalb der Weiler des Wipptales
nördlich des Brenners: eine gigantische Verkehrsader,
die immer mehr ins Kreuzfeuer der Kritik gerät.

besserten Straßenbelag ab. Es versteht sich von selbst, daß die Anwohner der Brennerstraße eine rege wirtschaftliche Tätigkeit entwickelten. Die vielen Gasthäuser direkt an der Straße und auch etwas abgelegen davon sind hierfür der beste Beweis.
Es bedeutete nicht alles hellen Sonnenschein, was da über den Brenner herein und hinaus gezogen kam. Zu Kriegszeiten drängte die Not auch durch das Wipptal. Im Dreißigjährigen Krieg, im Spanischen Erbfolgekrieg, im Freiheitskrieg der Tiroler, um nur drei fatale kriegerische Konflikte zu nennen, wurden die Menschen, gerade weil der Brennerpaß und die Straße darüber häufig benützt wurden, in arge Mitleidenschaft gezogen.
Doch nochmals zurück zu historischen Namen, die mit dem Brenner in Verbindung stehen. Nach der Schlacht auf dem Lechfeld im Jahre 955 wurden die Brennerstraße und der gleichnamige Paß ohne Zweifel weitum bekannt. Otto I., dem schon zu Lebzeiten der Beiname der Große anhing, weil er einmal die Magyarengefahr gebannt, zum anderen das Papsttum in Rom aus seiner tiefsten Krise gerettet hatte – wenn auch nicht zu seinem eigenen Nachteil. 961 trat Otto zu seinem Italienzug an, der ihn über den Brenner nach Rom führte. Zu Lichtmeß des folgenden Jahres wurde er zum Kaiser geweiht und gekrönt – ein Akt, der die Gemeinschaft zwischen dem Norden und dem Süden unterstreichen und das Heilige Römische Reich Deutscher Nation (dieser Begriff entstand erst viel später) demonstrieren sollte. Otto dem Großen folgten u. a.: Otto II., Konrad II., Heinrich III., Heinrich IV., Friedrich I., Otto IV., Friedrich II., Heinrich VII. Der Brenner avancierte zum Kaiserweg. Bischof Adalbert von Utrecht beispielsweise begleitete den deutschen Fürsten Heinrich II. im Jahre 1004 nach Rom. Über den Saumweg meinte der Bischof, er führe „per loco sterilia, per montana aspera, per silvas spatiosas" – durch Einöden, rauhe Berge und mächtige Waldungen. Herzog Rudolf IV. setzte sich besonders für die Brennerstraße ein; unter Herzog Friedrich IV. mit der leeren Tasche und seinem Nachfolger Sigismund dem Münzreichen wurde die Straße ausgebaut.
Mit 23 Jahren brach er auf, im Oktober 1494, von seiner Heimatstadt Nürnberg, zu Fuß und zu Pferd; das Reiseziel hieß Venedig: Albrecht Dürer ließ sich Zeit, um die Landschaft auf sich einwirken zu lassen und rasch das eine oder andere Motiv aufs Blatt zu bringen. Seine Reiseroute führte ihn durch Tirol, wo die Habsburger ihre Jagdgründe und Bergwerke besaßen, und Dürer mag gedacht haben wie einer seiner Zeitgenossen: „... bei einem Ort, der Brenden heißt, liegen zu Füßen des Berges zwei kleine Seen: aus dem einen entspringt die Isacho und aus dem anderen ein kleiner Fluß namens Sileche ..." Er meinte den Eisack und die Sill und mit dem Namen Brenden eben den Brenner.

Zu Dürers Zeiten konnte der Brenner von großen und schweren Wagen befahren und überquert werden – er ist ja der niedrigste Paß über den Alpenhauptkamm. Auf den „Warenbegleitscheinen" der Händler vom Süden nach Norden standen zu jener Zeit hauptsächlich orientalische Gewürze, Seide, Früchte, Baumwolle, Färbeholz, Muranoglas und Wein; und umgekehrt nach dem Süden: Steinsalz, Zinn, Kupfer, Leinen, Wolle, Metallwaren, Waffen. Und auch damals machten sich die Menschen Gedanken über die Bedeutung von Wörtern und Namen. Eisacktal zum Beispiel wurde als „Sack voll Schnee" dechiffriert, weil der Eisack im Frühjahr zur Zeit der Schneeschmelze zuweilen anschwillt. Den Menschen von damals war ebenso wie den Menschen von heute bewußt, daß viele Namen ihr Geheimnis bergen, daß sie nicht ihre Herkunft und Bedeutung und auch nicht ihr Alter verraten. Ähnlich ist es mit den Straßen, die alle einmal ein Weg, ein Saumpfad, ein Steg waren – auch sie verraten uns nicht ihr Alter.

Im Mittelalter standen zwei Burgen als Befestigungsanlagen, um den Saumweg über den Paß zu sichern. Im Tal lag die Zollstätte, die bald zu einer Burg ausgebaut wurde. Die Einnahmen der Zollstation in Lueg dienten u. a. auch der Instandsetzung des Weges, genauso wie jene Zollstation in Lurx, nördlich von Sterzing. Lueg kann uralt genannt werden; es war schon zur Römerzeit eine Talsperre. Das Schloß stand um 1200 fest und scheinbar uneinnehmbar da. Dann schlich sich das Raubritterwesen ein, und die Sperre diente mehr und mehr wirtschaftlicher Ausbeutung: Bischof Enno von Brixen ließ die Feste sodann 1241 schleifen. Aber schon rund vier Jahrzehnte später ist der Zoll am Lueg wieder nachweisbar, und zwar als gute Einnahmequelle des Landesfürsten. Um 1668 wurde bei Lueg ein „alter Thurn" genannt; im Tiroler Freiheitskrieg fiel die Zollstätte den Franzosen zum Opfer: sie brannte aus. Das verwahrloste Kirchlein, das einst eine Stätte der Besinnung und Meditation gewesen war, steht heute noch da, etwas abseits der neuen Straße, und hoch darüber drängt sich der hektische Verkehr auf der Autobahn. Dieser breiten Schnellfahrstraße mußten nicht nur viel Grund und Boden weichen. So manches kulturträchtige Kleinod fiel ihr zum Opfer. Der alte Gasthof Wolf zum Beispiel mußte seinen ursprünglichen Platz der Autobahn räumen, und zwischen Gossensaß und Sterzing zerriß sie glatt ein Dorf in zwei Teile: Tschöfs.

Der alte Jaufenweg

Beschwerlich war das Reisen über den Jaufen. Der Übergang vom Wipptal in das Passeiertal konnte über zwei Wege erreicht werden: durch das Jaufental über Hinter-Eck, über Gasteig nach Kalch zum Joch. Letzterer wurde meistens bevorzugt. Der Saumweg in das Passeiertal diente den Bauern für ihren Salztransport. Ebenso trieben sie das Vieh von der einen auf die andere Seite des Jochs. Einem Schreiben von Martonys an Erzherzog Johann ist zu entnehmen, daß große Herden von Ziegen und Schafen, tief in Ungarn angekauft, über den Jaufen wanderten, hin zu den fetten Almen der Passeirer Höhenlandschaft; von dort seien sie nach kurzer Zeit, gut gemästet, nach Italien weitergetrieben worden. Die Passage über den Jaufen auf den angezeigten bequemen Wegen habe zwar beschwerliche Stellen, diese seien aber nicht gefährlich. Auf Saumtieren habe man den Weg auch reitend zurücklegen können. Heute verläuft ein älterer Jaufenweg von Gasteig weg durch den zuerst steil, später leicht

*Bergbauernleben im Wipptal – immer mehr eine Kuriosität.
Die Bäuerin zieht mit ihrer Ziege aufs Feld und sammelt allein,
anstelle ihrer Söhne, das Heu als Vorrat für den langen Winter ein,
so geschehen 1991 im Sommer im Jaufental.*

ansteigenden Wald. Bei den Höfen von Gost überquert der alte Saumweg die asphaltierte Jaufenstraße. Nach dem Weiler Kalch lenkt der Weg wieder durch den Wald. Allerdings wird die Straße noch dreimal überquert, bis schließlich die Waldgrenze erreicht wird. Dann ist es ein gemächliches Dahinwandern über das Almgelände zum Sterzinger Jaufenhaus. Hier steht seit bald tausend Jahren ein Haus als deutliches Zeugnis der Bedeutung dieses Verbindungsweges. Schon früh in der Geschichte erfuhr der Jaufen, die weite Kammsenke mit Almen und kleinen Seen auf über 2000 Meter Meereshöhe, einen besonders wichtigen Stellenwert. Ein aufgefundenes Bronze-Lappenbeil in Jaufental verweist auf die frühe Besiedlung dieser Gegenden bereits in der älteren Eisenzeit.

Die Sill, Schwesterfluß des Eisack, entspringt ebenfalls im Brennergebiet. Sie begleitet den Reisenden entlang der Nordtiroler Bundesstraße, vorbei an Gries, Steinach und Matrei.

Eisack-Ursprung: Das Quellwasser springt aus dem Felsengelände unterhalb des Sattelberges am Brennerpaß. Der Fluß bahnt sich in einem noch schmalen Bett seinen Weg gen Süden.

Der uralte Saumweg auf den Jaufen begann wohl nicht in Gasteig, sondern weiter im Westen, in der Stange. Hier dürfte eine Zolleinhebestelle so manchem Kaufmann ein Dorn im Auge gewesen sein. Auch der Bergfried von Reifenegg erinnert an den alten Jaufensteg, der schon von den Römern begangen wurde. Es ist erstaunlich, daß dieser zuweilen steile Weg selbst noch im Winter bewältigt wurde. Die oberste Straßenkehre wird heute noch im Volksmund „Römerkehre" genannt – deutliches Indiz für die Benutzung des Weges durch die Römer.
Im 14. Jahrhundert wurde der Zoll aufgelöst, der Weg verlief nun ab Gasteig – der Name bedeutet soviel wie „gaches Stück" (= jäher Anstieg).
Auf der Höhe der Jaufensenke vermuten fachkundige Kenner und interessierte Laien urgeschichtliche Kultstätten. Ein Steinmal, ein menhirförmiger Stein und ein merkwürdiger runder Hügel: Sind es prähistorische Zeugnisse oder nur eigenwillige Launen der Natur?

Die Brennerbahn

Tirol nahm im europäischen Verkehrsnetz mit seinen beiden wichtigsten Paßübergängen Brenner und Reschen seit jeher eine besondere Bedeutung ein. An dieser Stelle sei vermerkt, daß man die Bezeichnung Straße über den Brennerpaß im heutigen Verständnis erst seit dem 18. Jahrhundert verwenden dürfte; im 15. Jahrhundert war es ein Karrenweg, zuvor ein Saumpfad.
Mit der enormen Revolution durch die Einführung beweglicher Maschinen entstand alsbald auch der Plan, der Eisenbahn durch Tirol den Durchbruch zu verhelfen. Der erste Vorschlag

Gossensaß zu einer Zeit, als die Autobahn noch nicht den Ort in schwindelnder Höhe überquerte – ein liebliches Dörflein mit wenigen Häusern inmitten weiter Feldermatten und dichter Nadelhölzer.

einer derartigen Eisenbahnlinie stammt vom Münchner Großhändler Georg von Kloeber aus dem Jahre 1835. Im deutschen Raum ging die Rede von einer Strecke Nürnberg–Augsburg–München–Rosenheim zur Adria; diese Route sollte nicht durch Tirol führen. Durch eine Aussparung des Landes befürchteten viele Tiroler wirtschaftliche Nachteile. Dementsprechend war Eile geboten, und mehrere Projekte wurden ausgearbeitet und den politischen Institutionen vorgelegt. Es mußten durch Jahre hindurch verschiedene Hindernisse aus dem Weg geräumt werden, bis noch 1846 die Eisenbahnbestrebung der Tiroler konkrete Form anzunehmen begann. Aus heutiger Sicht waren die Ingenieure und Techniker höchst fortschrittlich: Die Eisenbahnlinie von Verona über den Brenner bis nach Innsbruck sollte auch durch Tunnels führen; der Brenner sollte durch einen 5760 Meter langen Tunnel unterfahren werden. Das Projekt scheiterte am unbeugsamen Willen des Wiener Hofkammerpräsidenten Baron von Kübeck. Ein besonderes Problem stellte bei den folgenden Plänen der Höhenanstieg bei Gossensaß dar. Es ging auch der Vorschlag ein, die Bahnlinie lediglich bis zum ersten merklichen Anstieg zu bauen, dort die Gäste von der Bahn auf einen einzurichtenden Kutschpendeldienst umzuladen und auf den Brenner zu bringen, wo sie wiederum per Bahn weiterfahren sollten. Auch dieses Projekt wurde fallengelassen, nachdem die Umfahrung des Steilstückes mittels einer Schleife im Pflerschtal als geeignete Lösung empfunden wurde. Der

Mit dem Bau der Eisenbahnlinie über den Brenner in Richtung Süden beginnt auch der Aufstieg eines Ortes als kleiner Bahnknotenpunkt im südlichen Wipptal: Franzensfeste.

Tunnelbau von Pflersch galt sodann auch als großes technisches Ereignis, obwohl dort dreißig Menschen verschüttet wurden. Überhaupt erfolgte der Bau unter äußerst schwierigen Bedingungen. Über 20 000 Menschen, vorwiegend Italiener, arbeiteten daran. Nach dem Krieg von 1866, der für Österreich eine Niederlage brachte, mußten an die 14 000 italienische Bauarbeiter entlassen werden, dennoch sollte schon im nächsten Jahr der Fahrbetrieb aufgenommen werden. Bereits in den Jahren 1853 bis 1858 entstand der erste tirolische Schienenweg von Innsbruck nach Kufstein.

Vorerst der Reihe nach: Im Jahre 1854 wurde mit der Arbeit an der Bahnlinie Verona–Bozen begonnen. Die Strecke Innsbruck–Bozen, deren Bau wohl die größten Schwierigkeiten mit sich brachte, sollte im Jahre 1866 eröffnet werden. Dieser Termin verschob sich um ein Jahr. So fuhr am 25. Juli 1867 die erste Lokomotive über den Brenner, und am 24. August wurde diese Strecke dem öffentlichen Verkehr übergeben.

Zu schauen und zu bestaunen hatten die Reisenden durch das Wipptal reichlich. Da war nicht nur das Pflerschtal, das durch seine bizarre Landschaft im Hintergrund jeden Liebhaber der Alpen festhält; schon das Abenteuer, kurvenreich durch dieses Tal zu schlängeln, muß den Fahrgast überwältigt haben. Oder die Einfahrt in das Sterzinger Becken, am Sterzinger Moos, das erst in den Jahren 1875 bis 1877 weitgehend entsumpft und entwässert wurde,

Die Natur ist voller Überraschungen. Eine verschneite Wiese im Wechselspiel von Licht und Schatten.

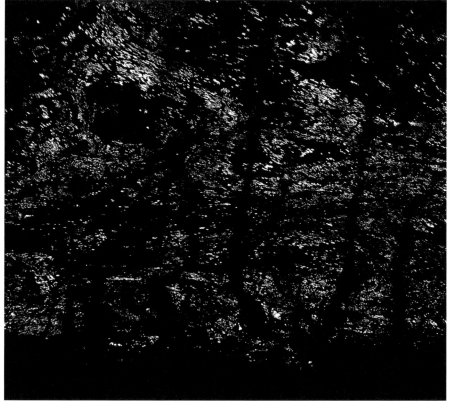

Der Tanz der unzähligen Tröpfchen an der Wasseroberfläche der Sill im letzten Abendlicht.

wobei viel neuer Kulturgrund entstand, allerdings aber unzählige seltene Sumpfpflanzen verschwanden, wird im orts- und heimatkundigen Reisenden die Erinnerung an gar manch schaurige Mär an alte Jungfern und unzufriedene Weiber geweckt haben. Manch interessierte Leser wird in der Leipziger Illustrierten Zeitung vom 2. November 1867 ein Holzstich begeistert haben, der inmitten einer gebirgigen Landschaft, etwas außerhalb der Ortschaft, eine dahineilende Dampfmaschine zeigte. Der Ort heißt Matrei und ist heute durch die damalige Darstellung, abgesehen von dem Hintergrund der ansteigenden Berge mit dem Patscherkofl, nicht mehr zu identifizieren. Die Tiroler warben also schon sehr früh, und zwar nicht nur für ihre Brennerbahn, sondern auch für die Landschaft, die aufzusuchen seit jeher lohnt.

Detail in der Wipptaler Landschaft: Ein quadratischer Kartoffelacker grenzt an weiche Wiesenhänge.

Wo einst die Badmoidl die Gäste begrüßte

Von Ulrich Geizkofler zu Reifenegg ging die Idee aus, das Thermalwasser vom Brenner gegen allerlei Krankheiten zu nützen. Sein Vetter Zacharias setzte das Vorhaben in die Tat um, und seitdem, bis in unser Jahrhundert herauf, fanden unzählige Kranke auf dem rauhen, kalten und unwirtlichen Brenner eine Stätte der Genesung – wenn ihnen auch oft nur der Glaube, das kristallklare Naß von den Bergen habe eine geheimnisvolle heilende Kraft, das Leben verlängert haben mag.

Viele Beobachter sagen dem Brenner nach, er habe keinen besonderen Reiz: Die Paßstraße würge sich durch eine schmale Talsohle, es fehle jene grandiose Aussicht, wie man sie sonst auf Paßhöhen gewohnt sei, und von den klimatischen Bedingungen ganz zu schweigen: Der lange Winter will hier oben kein Ende nehmen. Dennoch entstanden in dieser Gegend kleine Siedlungsgehöfte – Dauersiedlungen sind seit dem 13. Jahrhundert nachweisbar; zum Beispiel der Heinzenhof an dem Steine, der Eppenhof in Pflers. Im Urbar des Landesfürsten Meinhard II. aus dem fernen Jahr 1288 ist, wie erwähnt, unter anderen von zwei Höfen des Prennerius oder des Prenners die Rede. Nahe der Valentinskirche stand eine Wirtschaft, der spätere Gasthof Brenner-Post, den auch Goethe kannte. Darüber schrieb er in seinen Aufzeichnungen der italienischen Reise:

> *Am Neunten abends, als ich das erste Stück meines Tagebuches geschlossen hatte, wollte ich noch die Herberge, das Posthaus auf dem Brenner in seiner Lage zeichnen, aber es gelang nicht, ich verfehlte den Charakter und ging halbverdrießlich nach Haus.*

Doch zurück zur Badmoidl und ihrem regen Betrieb in einer Zeit eines gesunden Aberglaubens an die heilende Kraft des Thermalwassers. Obwohl von den Menschen, die am Brenner lebten oder diese Gegend aufsuchten, oft von „Frierern" gesprochen wurde, war es noch um 1900 hinlänglich bekannt, daß das Brennerbad der höchste vornehme Kurort und die höchste Thermalquelle an einer Weltbahn sei. Das Wetter redet nicht nur heute ein gewichtiges Wort am Brenner mit. Die Badhochkonjunktur hing auch von wohltuenden Sommertemperaturen ab – schlechtes Wetter vertrieb viele Besucher. Die Innsbrucker, die stets eine große Zahl der Gäste ausmachten, galten als besonders abgehärtet. Sie kamen auch stets wohlvorbereitet herauf: Lodenmäntel und Regenschirme führten sie im Gepäck mit, und ihre Kleider waren aus dem Kälte und Wind trotzenden Loden. In der bis wohl kurz vor die letzte Jahrtausendwende sehr primitiv eingerichteten Badeanstalt – Südtirol soll zu dieser Zeit an die 90 Bäder besessen haben – hausten die Badmoidl und der Badmartl, der dem Alkohol nicht feind gewesen sein soll. Aus einer Beschreibung Ludwig von Hörmanns sind sehr originelle Gepflogenheiten der beiden überliefert. Diktatorisch soll sie über die Armen regiert haben. Da traf es schon zu, daß sie die Bedürftigen um 4 Uhr morgens aus dem Bett pfiff und sie über den Steinboden in die veralteten Wannen dirigierte. Sie teilte die Medikamente aus, dabei beachtete sie nicht Diagnose, auch nicht die jeweilige notwendige Therapie: Sie ging nach der Körpergröße des Patienten vor; je größer er war, desto stärker mußte nach ihrer Meinung die Dosis der Medikamente sein. Auf eine gewisse Hygiene bei den Armen legte sie aber dennoch Wert, denn sie ließ es sich nicht nehmen, die oft ausgezehrten, vernarbten und vom Leben gezeichneten Gesichter der Männer zu rasieren, allerdings nicht gerade auf appetitliche Weise, wie den Aufzeichnungen Hörmanns zu entnehmen ist.
Der Leser wird sich fragen, ob denn nur Arme hier ihr Bad nahmen und warum gerade sie? Die Antwort ist einfach und bestätigt ein Kuriosum in der Sozialgeschichte Tirols: Es waren nicht *nur Arme, aber es waren auch Arme.*
Mit Urkunde vom 24. Juli 1731 ging das Brennerbad in den Besitz der Stadt Sterzing über, dabei übernahm die Stadtverwaltung einige Verpflichtungen: die Fürsorge für arme Badegäste. Bis zu sechzig Arme – Taglöhner, Dienstboten, Arbeitslose – aus Sterzing und dem

dazugehörigen Bezirk erhielten während der Badezeit freie Unterkunft, Kochsalz, Brennholz, kostenlose Badbenützung und einen kleinen finanziellen Betrag bei der Abreise. Die Hin- und Abreise wurden nicht bezuschußt, auch kam die Stadt nicht für die Verpflegung auf. Es gab aber am Brennerbad eine Gemeinschaftsküche, in der die Frauen für die Männer kochten. Die Männer hackten das Holz. Während der freien Stunden spielten sie Karten, frönten dem Würfelspiel und kegelten, die Frauen strickten. Der tägliche Besuch der hl. Messe gehörte zum Alltag. Damit die Armen in den Genuß dieser Bademöglichkeit gelangten, waren ein Armutszeugnis und ein Beichtzettel Voraussetzung; letzterer sollte beweisen, daß der Aspirant gebeichtet und kommuniziert hatte. Dann erst wurde er in das Armenhaus am Brenner aufgenommen.

Manchen Sterzinger Bürgern war diese Einrichtung ein Dorn im Auge; allgemein war das Brennerbad für die Sterzinger Gemeindevertreter stets eine Außenstelle, mit der sie nicht so recht fertig wurden. Einerseits sollte investiert werden, anderseits fehlte es an Geld und auch an der Zuversicht, einen entsprechenden Gewinn daraus zu schlagen. 36 Sterzinger Bürger machten sich um 1870 stark, das Brennerbad als Badeort aufzulassen, dafür das heilende Wasser in langen Röhren hinunter nach Sterzing zu leiten und dort einen großangelegten Badebetrieb aufzubauen. Der Plan wurde nicht verwirklicht. Dafür nahmen durch die neueröffnete Brennerbahn der Badekurort Brennerbad und das Bad als solches einen bemerkenswerten Aufschwung. Dann waren es zwei Gästehäuser, die den vornehmen Touristenbesuch einleiteten: das Grand Hotel, 1902 errichtet, und der Sterzingerhof, 1873 eröffnet. Nun kamen die zahlenden Gäste nach Sterzing, Angehörige der Mittel- und auch der Oberschicht. Die Zahl der Armen aber ging zurück. Im Jahr 1911 sollen an die 1950 Gäste verzeichnet worden sein. In diesem Zusammenhang ist noch zu erwähnen, daß sukzessive Infrastrukturen geschaffen wurden. Wer ehemals bei vollbesetzten Badbetrieben im Heu des Bauernhofes die Nacht zubrachte, konnte jetzt im Hotel absteigen oder sich auch nach einer privaten Zimmervermietung umschauen. Schon 1875 erhielt das Geizkoflerhaus ein Postamt, der Sterzingerhof eine Hausapotheke. Dennoch war dieser Gasthof allein nicht in der Lage, einen vornehmen Luftkur-Aufenthalt am Brenner zu bieten. Davon konnte erst dann mit dem Grand Hotel die Rede sein. Noch vor der Jahrhundertwende beschloß die Stadtverwaltung Sterzing, teilweise ihren Besitz im Brennerbad zu veräußern; dann kamen schließlich die gesamten Badeeinrichtungen in den Besitz der Brennerbad-Gesellschaft.

Es war der Krieg, die neue Brennergrenze zwischen Österreich und Italien, es war der Übergang in eine neue politische Herrschaft, es war schließlich der technokratische Umbruch – der Bau der Autobahn, der Beginn des Massentourismus und der europaweiten Konkurrenzhektik, die gemeinsam dem Brennerbad den Garaus bereiteten. Dann war es noch das Schicksal selbst, das im Jahre 1922 das Grand Hotel in Schutt und Asche legte. Danach gab es noch sporadisch einen Aufschwung – das Brennerbad war aber schon bei Ausbruch des Ersten Weltkrieges den Zeitläuften erlegen.

Franzens Festung

Es ist im Grunde noch gar nicht so lange her, daß der kleine Ort Unterau mit drei Bauernhöfen jedem Reisenden ins Auge stach. Denn hier zog über Jahrhunderte die Brennerstraße durch, bis sie etwas südlicher durch eine schmale Stelle führte und die heute nicht mehr erhaltene Brixner Klause passierte. Hier endet das südliche Wipptal. Und hier an der schmalen Stelle, wo einst sich die Straßen aus dem Pustertal und dem Süden kreuzten, entstand während der Jahre 1833 und 1838/39 beiderseits der Straße auf einer leichten Anhöhe die Franzensfeste – benannt nach dem Habsburger Monarchen Franz. Das Bollwerk sollte, wie sich Johann J. Staffler ausdrückt, einer großen Armee trotzen. In der Tat; noch vor rund 150 Jahren war es dazu auch imstande, im k.u.k. Zeitalter der langatmigen Infanterie und leichten Kavallerie, den im Vergleich zu heute primitiven Kanonen und Gewehrstutzen. Heute schaut die obere Festung finster in das Tal hernieder, und vom Örtchen Unterau spricht niemand mehr. Dafür liegt viel aufgestautes Wasser in dieser Gegend, und eine Ortschaft ohne kulturelle Entwicklung und viel Einfallslosigkeit während der Baugeschichte verweist auf eine einschneidende Zäsur: Franzensfeste ist das erste markante Zeugnis dieser Gegend für das anbahnende Ende der Habsburgermonarchie und den Beginn der geistlosen technisierten Moderne.
Die Kosten für den Bau dieser Wehranlage übertrafen bei weitem den Finanzierungsplan, so daß – obwohl die Feste ursprünglich als größtes Bollwerk im Süden auf tirolischem Gebiet auf Anregung des Deutschen Bundes bis zur Schabser Höhe ausgebaut werden sollte – der Bau aus den unzähligen, aus Pfalzen herbeitransportierten Quadern nicht vollendet werden konnte. Ein Sperrgebiet, ein massiver militärischer Stützpunkt blieb sie aber dennoch. Daß sie erbaut wurde, resultierte aus dem eindringlichen Vorschlag der siegreichen Mächte des Wiener Kongresses und der schon zuvor von Österreich gehegten Absicht angesichts der fremden Einfälle von 1797 und 1809/10. Den Ausschlag gaben die französische Julirevolution und die zunehmende irredentistische Gefahr aus dem italienischen Teil Tirols. Der stets rege Erzherzog Johann, seines Zeichens auf die Monarchie und insbesondere auf Tirol bedacht, griff den Plan wieder auf. Und trotz des chronischen Geldmangels der habsburgischen Familiendynastie konnte der Bau begonnen werden; denn der Kaiser stimmte trotz aller Engpässe und innenpolitischer Divergenzen dem Bau eines Depots für Kriegsmaterial und Vorräte von Lebensmitteln, also für einen militärischen Lagerplatz zu. Den Auftrag zur Realisierung dieses

Die impossante Wehranlage von Franzensfeste aus der Luft, getrennt durch Autobahn, Staatsstraße und Bahnlinie. Unter den Wassern des Stausees lag einst Unterau.

Projekts erhielt erwartungsgemäß der Erzherzog. So sollte die Feste folgende Zwecke erfüllen: ein Haupt-, Waffen- und Depotplatz an einer strategisch günstigen Lage zu sein, denn hier, auf dem Hochplateau von Schabs, begegneten sich wichtige Verkehrswege: die Verbindung von Norden und Süden – man sprach von den beiden wichtigsten Chausseen bei der hohen Brücke, der Ladritscher Brücke neben Aicha, und dem aus dem Pustertal kommenden militärisch überaus bedeutsamen Zugang in die Nord-Süd-Verbindung.

Den Entwurf für die Wehranlage besorgte Generalmajor Ingenieur Franz von Schall. Die Bewilligung des Bauprojekts erfolgte im Juni 1833. Es denkt heute kaum jemand mehr daran, daß viele Voraussetzungen für eine erfolgreiche Ausführung des Bauprojekts fehlten. Vor allem mangelte es an Arbeitern, an qualifizierten Fachkräften. Maurer und Steinmetze kamen sogar von Genua. Die Lagerbaracken, die Behausungen der Arbeiter, erstreckten sich nordwärts bis Sterzing und weit in das Pustertal hinein bis nach Pfalzen. Das kleine Unterau mit den drei Bauernhöfen wuchs in kürzester Zeit heran zu einer kleinen Trabantenstadt mit Geschäften, Bademöglichkeiten und Friseursalons. Der Lehm für die Ziegelherstellung fand sich am linken Eisackufer zwischen Aicha und Schabs und bei einem nahegelegenen Bauernhof. Es bedurfte einer Unmenge an Holz zum Brennen der Ziegel. Von Spinges herunter kam eine Fuhre nach der anderen mit Granitblöcken. Da es auf dem Schabser Plateau keine Wasservorräte gab, mußten Holzrohre für die Wasserzufuhr gebaut werden. Insgesamt war es eine heute nicht leicht mehr vorstellbare Plackerei und Schinderei für Mensch und Tier. Täglich zogen die Pferde an die 600 Fuhren heran, etwa 350 Tonnen oder 175 Kubikmeter Material.

Ein besonderes Kuriosum der Festung in der Talsperre ist die 1845 errichtete, zur Verteidigung bombenfest abgesicherte Festungskapelle. Dieses Kleinod in neugotischem Stil, wo einmal zwei Standbilder von Radetzky und Heß postiert waren, ist heute nicht einmal mehr den nächsten Anwohnern bekannt. Das Altarbild mit der Taufe Christi durch Johannes den Täufer soll an Erzherzog Johann erinnern. Der noch immer beeindruckende Granit und die schmeichelnden Glockentürmchen widersprechen einander nicht. Es ist die militärische Macht, die hier mit der Kirche und dem Glauben einen Kompromiß einzugehen scheint. Leider ist die Kapelle heute dem Verfall überlassen.

Bei der Einweihung der Festung, der Talsperre und der weiter oben gelegenen Zitadelle am 18. August 1838 war selbst Kaiser Ferdinand anwesend. Nicht nur die Honoratioren bestaunten das allerdings nicht vollends fertiggestellte Bollwerk, auch die 4000 bis 7000 Arbeiter, die allesamt mit ihrer Hände Kraft zum Gelingen des strategischen Monuments beigetragen hatten, sprachen mit Erstaunen von einem Wunderwerk technischer Kunst. Aus dem Bericht des Einweihungszeremoniells geht hervor, daß der Bau nun dastand, wie ein Löwe trotzend und dennoch malerisch eingebettet in die Landschaft an dieser Stelle des engen Wipptales. Der Fürstbischof Bernhard II. aus Brixen hatte eigens mit dem Klerus Gebete und Psalmen zusammengestellt. Offiziere des Ingenieurkorps enthüllten die in den Granit gemeißelten Worte

Franciscus I. inchoavit anno 1833
Ferdinandus I. perfecit anno 1838

Es kursierte noch vor Fertigstellung der Wehranlage bereits im Volksmund das Gerücht, daß schon Franz I., der noch während der Bauarbeiten 1835 verstarb, gesagt haben soll, die

Festung koste soviel, daß er sich einen Bau aus purem Silber erwarte. Dies waren zwar nicht des Kaisers Worte, unter dem Volk mag aber eine solche Aussage durchwegs bekannt gewesen sein, denn die Gesamtkosten dürften über 2,6 Millionen Gulden betragen haben – eine selbst aus heutiger Sicht nicht vertretbare Summe, wenn auch viele Menschen für ein paar Jahre Arbeit und Brot gefunden hatten. Anton Kinigadner, Gall von Vahrn, soll 1834 vier Millionen Ziegel gebrannt und zur Ladritscher Brücke gestellt haben.

Stark und fast uneinnehmbar stand sie nun da, die Festung, die den Feind für immer fernhalten sollte. Aber schon bald äußerten Fachleute Bedenken, ob sie den neuen Geschützen auch widerstehen könne. Als Beweis der qualitativen Stärke des Bollwerks schossen 1862 auf 500 Schritt neugezogene Kanonen gegen den steinharten Granit: Die Granaten zersplitterten völlig an dem rauhen Gestein. Der Mineraloge Adolf Pichler meinte noch 1896, daß jedes scharfe Geschoß an den Mauern der Festung nur zersplittern würde.

In den Revolutionsjahren 1848/49 kamen die Zitadelle und die Festung mehr als glimpflich davon. Tirol zwischen Innsbruck und Bozen beteiligte sich kaum an dem herannahenden gesellschaftlichen und politischen Umbruch. Auch die Ausläufer der Risorgimentoaufstände berührten die Anlage nicht, wenn sich in ihr auch mehr Kompanien als üblich aufhielten. Im Kriegsjahr 1866 diente sie als Depotplatz für den Nachschub der Südarmee gegen die Italiener in Venetien. Dabei erhielt die Festung eine neue Bestimmung, als die Südgrenze Österreichs merklich gegen Norden, nach Ala, gerückt wurde. Nach dem Konflikt zwischen Deutschland und Frankreich 1870/71 und nach dem Abschluß des fatalen Dreibundes zwischen Deutschland, Österreich-Ungarn und Italien verlor sie wieder an Prägnanz, so daß sie ab 1890 nur mehr als Talsperre, zu Beginn des neuen Jahrhunderts gar nur mehr als Sperre bezeichnet wurde.

Sie blieb aber ein Depot, eine Lagerstätte für Waffen, Munition und Gold, wie man später vermuten wird. Mit der Eröffnung der Brennerbahn und jener durch das Pustertal stieg Franzensfeste zum wichtigen Bahnknotenpunkt auf. Ein Teil der Feste, der gegen Süden, mußte der Bahnlinie weichen. Es erging die Forderung, bei der Festung eine eigene Bahnstation einzurichten; eine Station für das Militär sollte es sein, ebenso sollte Aicha eine zentrale Militärhaltestelle erhalten. Der Grund dazu wurde vermessen, erste breite Rangiergleise gelegt. Zur Errichtung dieses Militärbahnhofes bei Aicha kam es aber nicht. Dafür wurde oberhalb der Festung eine neue Ortschaft aus dem Boden gestampft, und das liebliche Unterau verschwand allmählich, bis in den Jahren 1935 bis 1940 der Eisack zu einem See aufgestaut wurde und der Weiler in den Fluten versank. Verschwunden ist auch die Brixner Klause, die durch Jahrhunderte das Wipptal und das Eisacktal getrennt hatte: den rauhen Norden und den mild-warmen Süden, der im Brixner Raum durch den Jahreslauf immer wieder seine guten Seiten zeigt.

An der Klause, im Volksmund Kläusel genannt, befand sich einmal eine Zollstätte, die wohl schon während der drohenden Türkengefahr in der zweiten Hälfte des 15. Jahrhunderts errichtet wurde. Nach der Säkularisation hatte sie den Wegmachern noch als Wohnung gedient.

Im Oktober und November des Jahres 1918 besetzten reichsdeutsche Truppen die Franzensfeste. Nach deren Rückbeorderung besetzten die Italiener noch im November die Festung. Eine Ironie der Geschichte, denn der Bau der Festungsanlage war anläßlich der

Ein Denkmal bei Mittewald, etwas abseits der Straße, erinnert an die Gefallenen anläßlich des Freiheitskampfes der Tiroler gegen die Franzosen um 1800.

Der hölzerne Drachentöter an der Außenfassade zur Pfarrkirche zum hl. Herzen Jesu in Franzensfeste.

Die satten Blätter des Kastanienbaumes spiegeln sich in den blanken Fensterscheiben des berühmten Gasthauses „Sachsenklemme", an dem einst schon Goethe vorbeifuhr.

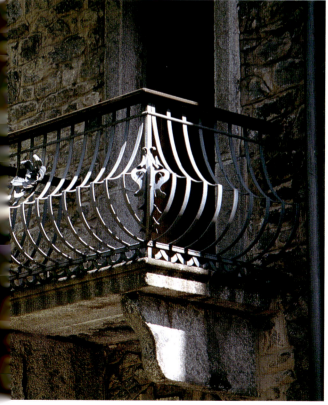

Die Sachsenklemme war einmal trauriger Schauplatz eines furchtbaren Gemetzels. Heute suchen die Touristen gerne die Raststätte auf, um sich für die Weiterreise in den Süden zu stärken.

Tiroler Kämpfe gegen Bayern und Frankreich erbaut worden. Nach 1919 und der Verschiebung der Grenze auf den Brenner blieb die Feste ein Depot, allerdings für einen anderen Staat. Noch bis 1918 durfte niemand die Festung näher beschreiben, aus strategisch-militärischen Überlegungen heraus, wie es hieß. Im Kriegsjahr 1945 sollen Vermutungen und unbestätigten Meldungen zufolge Einheiten der SS Tonnen des Goldschatzes der italienischen Staatsbank – es ging auch die Rede, es sei der Staatsschatz der kroatischen Regierung gewesen – in der alten Festung Franzens versteckt haben. Danach haben so manche ihr Glück als Schatzsucher versucht – aber ohne Erfolg. So hütet das ehemalige Bollwerk weiterhin gar manches Geheimnis.

In den Schlaf ist heute das Dorf Oberau mit dem einst berühmten Gasthof Peisser versunken. Zwar erlebte der Ort nicht dasselbe Schicksal wie sein südlich gelegener Bruder, und auch der Gasthof steht noch da und lädt zu Speise und Trank ein. Nur mehr wenige reden von ihm und dem einst hochgeschätzten Geschlecht der Peisser, das bis in das 12. Jahrhundert nachgewiesen werden kann. Heinrich, so hieß der älteste der Peisserbrüder, der um 1190 bereits das Wirtshaus in Oberau führte. Die Brücke unter dem Peisser in der Au bildete die Grenze zwischen dem Besitz der Grafen von Hirschberg und Görz. 1384 erhielt Stephan Peisser vom Fürstbischof zu Brixen den Wappenbrief. Später trennten sich zwei Stammlinien der Peisser: der Stamm Brixen nach Melchior und der Stamm Au (Oberau) nach Florian – und Florian war ein weitum bekannter Wirt in der Au.

Heute liegt die Festung eingebettet in die Landschaft des auslaufenden Wipptals. Die Anlage von historischem Wert bezeugt, wieviel Sinn und Gespür auch die Militärstrategen des österreichischen Kaiserhauses und der oft bedrängten Monarchie für Natur und Umwelt empfanden. Der Tiroler Historiker Otto Stolz hat einmal gesagt, die Festung hätte man nicht in Unterau, sondern in der Salurner Klause erbauen sollen, denn dann hätte sie auch den Zweck erfüllt, den Zugang nach Bozen zu schützen. Dort mag sich die Landschaft nicht geeignet haben, denn bei aller Bescheidenheit und trotz der vielen militärischen Erwägungen blieb die Festung ein Teil der Natur. Und daß sie ihren ursprünglichen Zweck, einem Krieg standzuhalten, noch einmal erfüllen muß, wünscht ihr und sich niemand, zumal sie ihrer Aufgabe nicht mehr gewachsen wäre.

Bitten um die Gnade und Hilfe der Gottesmutter

Das Porträt Mariens mit dem Kinde ist in Tirol seit langer Zeit Symbol für den Glauben der Menschen an die überirdische Kraft der göttlichen Gnade. Diese innigste Berührung zwischen Mutter und Kind, die von vielen bekannten und unbekannten Künstlern zur thematischen Herausforderung der Schaffenskraft wurde, birgt in sich ein zeitloses Geheimnis, das zum sinnbildlichen Ausdruck des Tiroler Glaubens geworden ist.

Die Bewohner dieses Landes wichen nicht ab von ihrer religiösen Überzeugung. Auch die dunkle Seite der Kirche – ketzerische Bewegungen und deren grausame Bekämpfung durch die heilige Inquisition, der weit in Europa grassierende Hexenkult, Hexenzauber und Hexenwahn – konnte in den Tälern nicht Fuß fassen. Die wenigen Ausnahmen bestätigen nur die Regel.

Es war wieder einmal die Zeit des dunklen Mittelalters, als neue Kapellen erbaut, alte vergrößert und zeitgemäß ausgeschmückt wurden. Die Menschen lebten für das Jenseits, das irdische Dasein galt lediglich als Brücke des Übergangs; sie stifteten mehr Messen als je zuvor, und geistliche Ordensgemeinschaften erlebten neuen Zuwachs. Eine nie zuvor dagewesene Heiligenverehrung breitete sich aus. Das Wallfahren stand alsbald in Blüte. Zuvorderst galt es stets, mindestens einmal im Leben in Rom oder in Jerusalem gewesen zu sein und dort gebetet zu haben. Diese fremden heiligen Stätten hatten charismatische Ausstrahlungskraft. Einmal dort gewesen zu sein, das bedeutete einen großen Schritt auf dem Weg zur ewigen Seligkeit. Fremde Pilger suchten heimische Wallfahrtsorte auf. Wunderbezeugende Gegenstände in den Kapellen und Kirchen belegten die Heilskraft der Gottesmutter oder der Heiligen. Damals schon beteten die Gläubigen die Muttergottes zu Trens oder Säben an. Die Zeichen der Frömmigkeit mehrten sich. Der an der Schwelle zur Neuzeit denkende Nikolaus Cusanus beobachtete kritisch die übertriebenen Äußerungen der Volksfrömmigkeit und des religiösen Volksbrauchtums. Er vermutete darin auch abergläubische Vorstellungen und vermißte zusehends echte religiöse Verinnerlichung. Es nimmt deshalb nicht wunder, daß der Kardinal aus dem Norden beim Volk schon bald unpopulär war, kritisierte er doch auch viele Wallfahrten und setzte beim Volk beliebte Feiertage ab. Solche Tage dienten auch der Pflege religiöser Riten, vorrangig aber unterbrachen sie den Alltag der Menschen. Das diensttuende Volk mußte an solchen Tagen nicht hinaus auf die Äcker und Felder und die Zeit, von der Morgenröte bis zum letzten Licht am Abend, in mühsamer Arbeit verbringen. So galten Feiertage als eine beliebte Abwechslung von der Alltagshast. Der Kirchenbesuch und vor allem die Stunden danach ermöglichten neue Bekanntschaften und ein geselliges Beisammensein.

Ein Ort der Stille und Besinnung: der Friedhof von Matrei mit den geschmückten Gräbern und Denkmälern großer Persönlichkeiten.

Säben, uraltes Symbol Tiroler Religiosität, mit der Kreuzkirche auf der höchsten Anhöhe, verdient es auch hier – wenngleich es nicht mehr zum Wipptal gehört – kurz erwähnt zu werden. Denn hier stand die Wiege der kirchlich-bischöflichen Zuständigkeit, die auch für das religiöse Leben des Wipptales von außergewöhnlicher Bedeutung war.

Die Sage weiß zu berichten, daß auf dem Säbener Berg einst der reiche Heidenfürst Arostages lebte. Mit der Vertreibung der Heiden durch die Christen vergruben die Ungläubigen ihren Schatz im Schloßfelsen in der finsteren Schlucht des Thinnebachs. Wanderer konnten in der Folge beobachten, wie geisterhafte Gestalten den Schatz bewachten. In der Stiftschronik von Säben ist von einem hohen Turm mit einem verborgenen Gang im Innern des Felsens zu lesen, der nach Klausen führt.

Schon früh wallfahrten die Menschen nach Säben. Ziel der Pilger war stets die Heiligkreuzkirche, erst später besuchten sie auch die Marienkapelle und das Gnadenbild. Im 17. Jahrhundert wurde der Karfreitag als Pilgertag auserwählt. Die heute weitum bekannte Männerwallfahrt aus dem Gadertal nach Säben geht auf das Mittelalter zurück. Die Gläubigen aus den Dolomiten pilgern noch heute hinauf zum heiligen Felsen.

Die Legende erzählt, daß im fernen Jahr 1392 im Gehölz eines Lärchenbaumes weit oberhalb Matrei ein Marienbild wuchs. Zwei Hirtenknaben wurde der Weg zu diesem Baum

Winter in Maria Waldrast. Der Wallfahrtsort ist an Sonn- und Feiertagen vielbesucht und nicht nur für Pilger, sondern auch für Langläufer, Rodler oder Sonnenhungrige ein beliebtes Ziel.

gewiesen. Sie sägten das Bild heraus und brachten es nach Matrei. Überall sprach sich dieses wundervolle Zeichen in dieser stillen Waldeinsamkeit herum. Und der Wunsch wurde zum Auftrag: Auf dem Waldraster Sattel, zu Füßen der Felspyramide der Serles, sollte eine Wallfahrtsstätte zu Ehren Mariens entstehen. Ein armer Matreier Holzhacker soll, wie die Legende weiter erzählt, im Traum zum Bau der Kirche aufgefordert worden sein. Er setzte alles daran, die Bewilligung dafür zu erhalten. Fürstbischof Ulrich II. von Brixen erteilte dann 1409 die Baugenehmigung. Und zwanzig Jahre später war die Kirche vollendet. Schon bald kamen immer mehr Wallfahrer herauf zu Unserer Lieben Frau in der Waldrast – heute schlicht Maria Waldrast genannt. Sie beteten andächtig auf dem lieblichen Wanderweg, der bei Matrei ansetzt, am alten Weiler Mietzens vorbeiführt, Kapellen und Kreuzwegstationen passiert, bis der Wanderer nach etwa eineinhalb Stunden Fußweges in der stillen Einsamkeit eintrifft. Auch diese hoch oben gelegene Wallfahrtsstätte hat eine bewegte Geschichte zu erzählen: Zur Zeit der Bauernunruhen zum Beispiel wurde sie geplündert; dann, 1621, legte Erzherzog Leopold den Grundstein zum Servitenkloster direkt bei der Kirche. 1785 wurde Maria Waldrast erstmals aufgehoben, Kapelle und Kloster zerstört und das Gnadenbild in die Kirche von Mieders gebracht. Sechzig Jahre später begannen die Serviten mit dem Wiederaufbau. In den Wirren des Nationalsozialismus erfolgte die zweite Aufhebung, bis endlich am 11. November 1945 das Gnadenbild wieder seinen Platz in Maria Waldrast bekam.

Heute ist dieser Wallfahrtsort noch immer einen Besuch wert, wenn auch der Pendelverkehr von Autos und Motorrädern, die auch winters durch die verschneite Landschaft dröhnen, den in Meditation versunkenen Wanderer belästigt, und so mancher Feriengast im saftigen Boden des Waldes andere Ziele verfolgt als die stille Andacht in der Kapelle der Serviten. So mag auch Albino Kardinal Luciani, Patriarch von Venedig, gedacht haben, als er am 23. Juli 1975 dem Wallfahrtsort einen Besuch abstattete. Damals ahnte noch niemand, daß dieser gottesfürchtige Mann einmal Papst Johannes Paul I. sein wird.

Um das Jahr 500 nach Christus soll, wie wieder die Legende erzählt, der hl. Valentin, der Sendbote Christi, die Freudenbotschaft des Evangeliums in den Seitentälern des Eisacktales und darüber hinaus verkündet haben. Er weilte auch in der Gegend von Sterzing und Trens. Hier in Trens, in dem lieblichen Ort in der heutigen Gemeinde Freienfeld, breiten sich Höfe und Häuser auf einer sanften Anhöhe links des Eisackufers aus. Die Pfarre gehört zur Diözese Bozen-Brixen, zum Dekanat Stilfes. Hier liegt einer der beliebtesten Wallfahrtsorte Tirols. Die Stätte kann auf eine lange Tradition zurückblicken. Das Jahr 1345, in dem die Marienkirche in Trens erstmals urkundlich erwähnt ist, gilt als das Ursprungsjahr des Wallfahrtsortes. In diesem Jahr wurden 18 Bischöfen ein besonderer Ablaß verliehen. Der Name Trens, so ist bekannt, leitet sich aus dem lateinischen *torrentes* ab, was soviel wie Wildbäche, Wasserstürze bedeutet. Die Kirche wurde im Lauf der Zeit erweitert und vergrößert; und wie wiederum die Legende überliefert hat, einmal trat ein frommer Pilger eine weite Reise zu den Gräbern der Apostel nach Rom an. Ihm widerfuhr das Unglück, das Augenlicht zu verlieren. Er betete unaufhörlich zur Gottesmutter. Eines Nachts träumte ihm, er solle sofort, als Blinder und ohne Begleitung, nach Trens zur Marienstatue aufbrechen. Nach langen Märschen, nach unzähligen Fragen, wo der Ort denn liege, gelangte er endlich zur Wallfahrtsstätte. Er kniete vor dem Marienbild nieder und versank im Gebet, worauf er gesundete und wieder sehen konnte.

Wie diesem Pilger soll es so manch anderem Gläubigen ergangen sein. Es spricht für die Religiosität im Wipptal, daß in vielen Orten die Gottesmutter Maria angerufen wurde und wird. War es vielleicht die bedrohliche Angst der Menschen von Trens, daß sie den besonderen Schutz der Heiligen suchten? Der Ort lehnt sich an den Berg, an den Höllenkragen mit unheimlichen Namen, der den Menschen früher viel Unheil brachte, wenn er überlief nach einem unerwarteten Gewitter, Äcker und Wiesen mit Geröll verschüttete und Häuser und Menschen begrub oder mit in die Tiefe riß. So erzählten die Alten den Jungen weiter, daß die Trenser vor Jahrhunderten unter einer Muhre eine Muttergottesstatue fanden, seitdem werde die Jungfrau Maria verehrt, und der Ort ist bekannt als Maria an der Lahn.

Die Wallfahrtsstätte mag viel älter sein als das erhaltene Datum uns wissen läßt. Das unvergleichlich anmutende Gnadenbild in der Kirche stammt aus der Zeit um 1460; die Gottesmutter hat einen lieblichen Ausdruck. Zu früheren Zeiten war das Gnadenbild besonders begehrt, als nämlich übereifrige Wallfahrer Splitter herausschnitten, um stets ein Stück heiliges Präsent bei sich zu tragen – als Talisman würde man heute sagen, um gegen Willkür und Unglück jederzeit und allerorts gefeit zu sein.

Menschen kamen nach Trens, in der Gruppe betend, allein mit dem Rosenkranz meditierend, zu Fuß, oft auch auf Knien, getragen und geführt; sie kamen wegen allerlei Krankheiten,

Kriegsgefahren, Nöten und Kindersorgen, Mißernten, oft um zu bitten, oft um zu danken. Sie berichteten, wie wunderbar die Gottesmutter geholfen habe, eben mittels eines Wunders; und darüber redeten die Leute lang und ausführlich und drückten ihr Erstaunen aus. Manchmal predigte auch der Pfarrer von der Kanzel herab über die Köpfe der Gläubigen hinweg, und so manchen schauderte vor der unheimlichen Kraft der Muttergottes, der andere verzehrte sich in Liebe und Verehrung zu ihr.

Viele solcher Wunder sind bis heute überliefert:

Die Gattin des Thomas Thaler aus Ridnaun war schon seit einigen Wochen krank, todkrank, wie man alsbald wußte. Sie konnte das Bett nicht mehr verlassen, und die Verwandten und Bekannten warteten auf ihr Ableben. Der Pfarrer reichte ihr schon zum sechsten Mal die geweihte Sterbekerze, als der tiefgläubige Gatte nach Maria Trens wallfahrtete und unaufhörlich zur Muttergottes betete und dann in der Kirche ein Gelöbnis sprach – die Frau war sodann geheilt.

Ein Innsbrucker Rechtsgelehrter trat den weiten Weg nach Trens an. Ihn bedrückte seit Jahren eine eiternde Wunde am Fuß, gegen die auch ärztliche Kollegen keinen Rat mehr wußten. Als dieser dem Gnadenbild ins Antlitz schaute und im tiefen Gebet verharrte, heilte seine Wunde. Zurück blieb in der Kirche ein Spruch *ex voto*, worauf folgender Text vom Jahre 1688 zu lesen ist:

> *So schlecht als ich dich verehrt,*
> *Hast du doch mein' Bitt gewährt;*
> *Daß ich heimgehe getröst und g'sund,*
> *Dies schreib ich jetzt zur wahren Urkund:*
> *Zu Lob und Dank jederzeit,*
> *Von nun an bis in Ewigkeit.*

Die Bäuerin Christine Parteller ging bei schlechtem, verregnetem und nebeligem Wetter über das Pfitscher Joch – man schrieb das Jahr 1753. Die gute Frau verlor den Weg, sie verirrte sich. In ihrer großen Not betete sie inbrünstig zur Trenser Gottesmutter und gelobte eine Wallfahrt zu ihr. Plötzlich wurde es hell, der Sonnenschein zeigte ihr den Weg nach Hause. Solche Ereignisse können den Votivtafeln entnommen werden. Wo immer ihr Wert auch liegen mag: Sie sind ein eindrucksvolles Zeugnis eines gläubigen Volkes.

Vor Jahrhunderten, als es nur wenige Wege gab, gelangten die meisten Wallfahrer zu Fuß nach Maria Trens. In Spitälern und Herbergen übernachteten sie. Auch im Sterzinger Spital kehrten viele Pilger ein, von denen so mancher durch ein schlichtes Pilgerkleid auffiel und von allen sofort erkannt wurde: Der dunkle Flattermantel, der lange Pilgerstab, der weitkrempige Hut mit der Pilgermuschel sollten vor Räubern und Gesindel schützen. So mancher ehrfurchtsvolle Gottessucher wurde in der Pilgertracht auch begraben. Da kam es auch vor, daß Pilger wegen akuter Krankheit nicht mehr die Wallfahrt antreten konnten, so schickten sie an ihrer Stelle einen Freund oder Bekannten, der in ihrem Namen das Gnadenbild aufsuchte.

Es bürgerte sich ein, daß ganze Ortschaften und Talgemeinschaften auf Wallfahrt gingen. Die Passeirer traten einen besonders weiten Weg an, wenn sie nach Trens pilgerten, von St. Leonhard oder St. Martin aus über den Jaufen, schon im Jahre 1734, die Sarner über das Penser Joch in jedem Jahr am Peter-und-Pauls-Tag. Auch die Mareiter kamen betend daher,

Gerichtskreuzgang der Pilger von Sterzing und der umliegenden Täler nach Maria Trens. Seit Jahrhunderten kommen am heiligen Ort Gläubige zusammen, zum Dank oder in sehnsüchtiger Erwartung.

Der Winter will selbst an den letzten Apriltagen nicht weichen. In den Weilern hoch über Mauls, in Niederflans oder Ritzail, bleibt der Schnee oft lange liegen. Da kann man wohl von den entlegendsten Siedlungen des Wipptales sprechen.

und die Pfitscher hielten 1777 eine große Bittprozession nach Trens ab, als im Tal eine verhängnisvolle Seuche wütete.

Am Sterzinger Gerichtskreuzgang finden sich in Trens die meisten Gläubigen heute ein. Im Frühjahr, wenn die Wiesen in dieser unvergleichlichen naturbelassenen Landschaft über Trens, Flans bis hinein nach Ritzail wieder grün und saftig werden, am Samstag vor der Bittwoche und im Herbst am Samstag nach dem Rosenkranzfest, versammelten sich noch vor nicht allzulanger Zeit alle Gemeinden des Gerichtes mit ihren Priestern in Sterzing bei der Meßfeier und wanderten anschließend gemeinsam nach Trens.

Unter Joseph II. und seiner aufgeklärten Politik mußten sämtliche Weihegaben aus den Kirchen entfernt werden; viele aus jener Zeit blieben verschollen, nur manche sind später wieder aufgestellt worden. In Trens sammelten sich nicht nur schriftliche Zeugnisse ex voto an: Brautkränze und verschiedene handfeste Zeichen der besonderen körperlichen Heilung, dazu Münzen und Medaillen, Rosenkränze, Halsketten, Kerzen und Leuchter, Kelche und Kännchen, Armbänder und Ringe. Bekannte reiche Familien bezeugten ihren Glauben: die Trautson, Gröbmer und Wolfenthurn, Geizkofler und Peisser; ihre Wappen tragen heilige Geräte.

An der linken Kirchenwand hängen viele Votivtafeln, die auffallend viele Wickelkinder darstellen. Ein Brauch – vielmehr ein Aberglaube – hatte gerade in Trens große Bedeutung erfahren: das Nottaufen an totgeborenen Kindern oder an Frühgeborenen. Die toten Neugeborenen oder Embryonen wurden von weither gebracht und vor dem Gnadenbild aufgebart. Darauf beteten die Angehörigen und zahlreiche Anwesende unaufhörlich um die Gnade Mariens, daß sie den toten Körper zumindest für einen Augenblick zum Leben erwecke, damit das Kind eiligst die Nottaufe erhalten könne, um dann, nach Wiedereintritt des Todes, den leblosen Körper in geweihter Erde bestatten zu dürfen. Die Eltern legten die toten Kinder auf den Altar, an allen Körperteilen wurden sie abgerieben, um den Blutkreislauf wiederzubeleben und das Herz zum Schlagen zu bringen, Rötungen und Anzeichen einer Atmung galten als erfolgreiches Lebenszeichen. Als dieser Brauch vom Brixner Ordinariat zuerst verboten, dann wieder erlaubt und schließlich wieder verboten wurde, hielten sich dennoch viele Menschen nicht daran; und 1871 erregte eine Kinderzeichnung großes Aufsehen: Ein totgeborenes Mädchen vom Tschöggelberg hatte man zuerst in der Wallfahrtskirche von Riffian zum Leben zu erwecken versucht, aber ohne Erfolg, so daß die Eltern es endlich nach Trens brachten. Später wurde das Kind wieder exhumiert und die

Wiederbelebung soll dann tatsächlich in Riffian geglückt sein. Kein Wunder, daß dieser Brauch zusehends von vielen Gläubigen als Schande und Unfug kritisiert und verurteilt wurde. Heute ist die Einsicht geblieben, daß die Menschen, vor allem die ländliche Bevölkerung, zu jener Zeit einen besonderen Wunderglauben entwickelt hatten. Geblieben ist zudem die Erinnerung an viele Menschen aller Schichten, die in Trens verweilten, geblieben ist ferner ein lebendiges Zeugnis inniger Religiosität, denn schon 1407 stifteten die Trautson von Sprechenstein eine Wochenmesse, ab 1443 erfolgte von der Gemeinde Trens eine tägliche Messestiftung. Als Wallfahrtsort ist Maria Trens auch ein beliebter und oft aufgesuchter Beichtort – eine willkommene Stätte der Anbetung, ein mystischer Ort der seelischen Verklärung.

Der Ort ist heute noch klein und scheint der Hektik unten im Tal zu trotzen. Er gehört seit 1928 zur Gemeinde Freienfeld, zuvor war er selbständig gewesen. Weil die Wallfahrtsstätte zunehmend beliebter wurde und über die Grenzen des Landes hinaus bekannt war, wuchs der Wunsch nach einem eigenen Pfarrer. 1648 wurde der Kooperator von Stilfes als Kaplan in Trens eingesetzt; von nun an las er täglich die hl. Messe. Die Errichtung einer eigenen Kaplanei erfolgte erst 1786; auf Veranlassung Kaiser Josephs II. mußte er sich nach der Aufhebung vieler Klöster die Gunst der Gläubigen erst wieder verschaffen.

Maria Trens hat Tradition, und das wissen die Wipptaler. Viele aber wissen heute nicht mehr, daß auf dem alten Weg, der oberhalb von Trens entlang von Flans nach Valgenäun verläuft und an der Burg Sprechenstein vorbeiführt, einmal eine kleine Kapelle gestanden haben mag, in der einst das Trenser Gnadenbild verehrt wurde. Ein Unwetter riß die Kapelle mit, das Gnadenbild wurde später völlig unversehrt an einer anderen Stelle aufgefunden. Seitdem ist es ein einfaches, aber deutliches Glaubenssymbol, daß es eben noch Wunder gibt, wenn der Mensch daran überzeugt festhält.

So mögen auch viele Ehepaare denken, die sich in der Wallfahrtskirche das Gelöbnis der ewigen irdischen Treue geben. Sie erwarten sich Segen, Frieden und Glück. Heute allerdings schleppt sich kein Pilger, auch kein betender Gläubiger mehr auf den Knien von der Reiterkapelle an der Staatsstraße hinauf zum Gnadenbild. Hier unten an der Kapelle fand während der Franzosenkriege ein erbittertes Gefecht statt. Eine vorpreschende Reiterschar konnte aber erfolgreich zurückgedrängt werden. Die Rede ging von einem neuen Wunder. Die Darstellung zeigt Reiter und aufbäumende Rösser und die Inschrift lautet:

> *Bis hierher und nicht weiter*
> *kamen die feindlichen Reiter.*

Trotz der modernen Hektik ist im Menschen der gesunde Glauben an die Gottesmutter in Maria Trens geblieben. Wenn auch keine irdische Hand und keine menschliche Phantasie das Antlitz Mariens je erfassen können, so ist das Gnadenbild doch ein gelungener Wegweiser für die vollkommenste Jungfrau, der Mutter Christi. Ihr körperlich makelloses Wesen erinnert an die Vorzeiten des christlichen Glaubens, an die Beschreibungen der griechischen Götterschönheit Aphrodite oder an die römische Venus. Und so mag auch der Andersgläubige beim Anblick des Gnadenbildes auf seine Kosten kommen.

Von den „Goldadern" des Wipptals – Geschichte von Erz und Silber

Seichte und breite Mulden, dann wieder flachere Weiden und saftige Almwiesen ziehen sich scheinbar endlos lang zwischen Roßköpfl und Telfer Weißen inmitten von sattgrünen Nadelhölzern und steinigem Gelände dahin. Zwischen den beiden Gipfeln wird der Höhenunterschied deutlich spürbar. Der Kamm, der beide verbindet, ist einmal schroff und rauh, weiter ostwärts aber stumpf und wird immer flacher und sanfter. Steilere Hangstreifen unterhalb des Kammgrates gehen weiter westwärts in einen schroffen Felsenvorsprung über: Knappenkofel ist sein Name, der damit auf eine geschichtsträchtige Epoche deutet. Hier, weit oberhalb des lieblichen Doppeldorfes Telfes, unmittelbar unterhalb der kalkigen Ausläufer der Telfer Weißen, verliefen einst die „Goldadern", die reichhaltigen Erz- und Silberquellen.
Die schmale Felsenterrasse bietet einen breiten Panoramablick auf die gegenüberliegenden Bergspitzen und Almweiden über Mareit und hinein ins Ridnauntal. Am Telfer Berg befand sich ein Silber- und Bleibergwerk. In dem nicht besonders kompakten Kalkschiefergestein grub man nach dem silberhaltigen Bleierz. Freilich mußte das Gestein zuerst säuberlich getrennt und sortiert werden, um dann das kostbare Metall herauszuschmelzen. Meist waren es Jungknappen, die diese Arbeit versahen und genau zwischen erzhaltigem und taubem Gestein zu unterscheiden wußten.
Bei einer Wanderung von Telfes aus hinauf zum „Freund" mit der wunderschönen Holzveranda und noch weiter hinauf zum markierten Ridnauner Höhenweg kann man die ausgedehnten Schotterhaufen rechter Hand des Weges erkennen. Hier drangen vor Jahrhunderten die vielen Knappen in die Tiefe der Erde vor. Mühsam war die Arbeit unter den schlechtesten Bedingungen: Die Gier nach dem erzhaltigen Gestein war größer und ließ die rauhen Männer vor Kälte, Dunkelheit und schlechter Luft nicht zurückschrecken. Die Stollenwände mußten abgestützt werden; und es war stets ein waghalsiges Unternehmen, bei ständig abbröckelndem Gestein stundenlang Risse und Spalten in die Felsenwand zu hauen. Mehrere Schächte befanden sich im Telfer Berg, heute sind sie vielfach von riesigen Steinplatten verschüttet, und ein Einstieg ist nicht möglich. Auch die Knappenwohnungen sind längst zu Ruinen verfallen, wo sie sich konkret befanden, läßt sich gar nicht mehr feststellen. Nur vom angelegten Saumweg, auf dem mühevoll das Erz zu Tal getragen und geführt wurde, sind noch deutlich Spuren vorhanden: Die von vielen Fußtritten abgewetzten und abgenutzten Steinplatten sind eigentlich die letzten Zeugen einer wirtschaftlich aufblühenden und arbeitsträchtigen Zeit. Wann genau das Bergwerk am Telfer Berg in Betrieb war, läßt sich nicht mehr feststellen. Im 17. Jahrhundert fand jedenfalls eine große Anzahl von Knappen hier ihre Beschäftigung. Im

*Sturmwehen unterhalb
des Gipfelkreuzes der Telfer Weißen.*

*Die rechte Seite des Ridnauntales,
von Maiern aus gesehen, liegt bereits
im Abendschatten der Herbstsonne,
während Schafe und Kühe noch auf
den teilweise grünen Flächen weiden.
Der Fernerbach zieht in seinem
breiten Bett talauswärts.*

Jahre 1737 ist der Bergbau zu Telfes in einer Urkunde des Dekanats Stilfes bestätigt, wenn darin die *„Bruedermeister, die Ausschisse, auch Lechenheyer der Gesellschaft am Schneeberg, Gossensaß und Telferberg im Namen der ganzen Perkwerkgesellschaft für die Einhaltung der Kapelle (St. Johannes Nepomuk in Sterzing) aufzukommen"* versprechen.

Im „Atlas Tyrolensis" des Peter Anich und Blasius Hueber von 1774 ist ein Bergwerk in der Telfer Gegend eingezeichnet; dies ist wohl eine weiterer Beweis für den Bekanntsheitsgrad des Knappenwerkes.

Wegen der Gefährlichkeit der Untertagearbeit mußte dann wohl der Telfer Bergbau eingestellt werden. Einzelne Knappen blieben jedoch mit ihren Familien zurück: Die Frau bearbeitete die Felder, während der Mann vielleicht noch in den Bergschächten von Schneeberg nach dem Erz schürfte. Selten kam dieser heim, auf jeden Fall öfters in den Wintermonaten.

Der Achtstundentag war hart und lang. Für die Plackerei erhielten die Bergleute zwar regelmäßig den Wochenlohn, der ihnen durchaus zustand. Ja, die Knappen hatten gewisse Privilegien gegenüber den Handwerkern oder Bauern, so hatten sie in bestimmten Lebensmittelgeschäften gar das Vorkaufsrecht, indem sie Fleisch oder Brot als erste einkaufen konnten. In ihrer Freizeit stand es ihnen zu, das Rehwild zu erjagen oder Fische zu fangen. Die Knappen unterschieden sich deutlich von den übrigen Dorfbewohnern: Hart und verschlossen, geschunden und verbittert lebten sie für sich die meiste Zeit in den dunklen und feuchten Schächten, immer auf der Suche nach einer neuen Silberader. Die vielen Gruben und Stollen, Brems- und Saumwege um Sterzing, vornehmlich in den nahegelegenen Tälern Ridnaun und

Historische Aufnahme der Erzaufbereitungsanlage in Maiern im Ridnauntal. Im 15. und 16. Jahrhundert hauptsächlich wurde hier Erz abgebaut.

Pflersch, tragen die Namen Heiliger: Barbara-Stollen im Telfer Berg oder Vierzehn-Nothelfer-Bremsweg am Schneeberg.

Die Bergbauzeit ist nicht völlig erloschen, sie lebt in vielen Orts-, Flur-, Familien- und Höfenamen fort: Die flachen Halden am Fuße der Telfer Weißen kennt heute noch der ortskundige Heimatliebhaber unter dem melancholisch anmutenden Namen Silberböden. In Pflersch gibt es ein Silbertal. Ein Weiler bei Mareit ist nach den Knappen benannt; Knappenhäuser finden sich vielerorts: Der Knappenhof in Untertelfes ist heute eine beliebte Raststätte für so manchen Sonnenhungrigen auch im Winter. Der „Schmelzerhof" in Wiesen erinnert an jene Arbeitsmethode, um das kostbare Erz zu gewinnen: das Schmelzen; und ein schmaler Weg zwischen den Gossensasser Häusern heißt gar Silbergasse. Der Familienname Bergmeister rührt zudem von jener Zeit her. Zahlreiche Bildstöcke entlang der Erzwege, zum Beispiel am Ausgang des Jaufentales, Knappenkapellen und Knappenhöfe in Gossensaß oder Telfes, die reichen Fuggerhäuser in Sterzing und schließlich die Pfarrkirche südlich der Stadt zeugen von einer ungemein ertragreichen Epoche für das Wipptal.

Die Blütezeit des Tiroler Bergbaus fällt besonders in das 15. und 16. Jahrhundert. Im 17. Jahrhundert, speziell nach Ende des Dreißigjährigen Krieges, fehlte es an Geld, um die Berg-

Lang und unheimlich waren die Stollen am Schneeberg. Mühsam war die Arbeit, das kostbare Erz vom zähen Gestein zu lösen und zutage zu fördern.

schächte instandzuhalten und damit den Abbau von Erz gar zu forcieren. Für die Bergwerke im Pflerschtal und am Schneeberg, ja damit zusammenhängend auch für die Stadt Sterzing, war gerade das 15. Jahrhundert entscheidend. Einzelne Historiker gehen davon aus, daß schon in der Römerzeit oder in der Karolingerzeit bei Gossensaß oder im hintersten Ridnauntal die Anfänge der Bergbaugeschichte anzusetzen sind. Im Bozner Notarsbuch aus dem Jahre 1237 ist auf jeden Fall vom *„argentum bonum de Sneberch"*, vom guten Silber vom Schneeberg, die Rede. Zu Beginn des 15. Jahrhunderts herrschte in den Silbergruben am Schneeberg und Pflersch rege Betriebsamkeit. Zur selben Zeit gab es natürlich auch in Nordtirol viel Bergbau und damit verbunden Handel. Und Schwaz stieg zu aller Bergwerke Mutter auf. Silberhaltiger Bleiglanz wurde unter Verdampfung zu Silber gewonnen. Die Bergwerke südlich des Brenners wurden von Schwaz abhängig. Bauten die Knappen in den bis zu 250 Meter tiefen Gruben weniger Erz ab, dann benötigte man auch weniger Blei aus dem südlichen Wipptal.

Der Schneeberg im hintersten Ridnauntal zum einen, zum anderen im hintersten Passeiertal, war eines der wichtigsten und vor allem höchstgelegenen Bergbaugebiete Tirols bzw. Europas. Das Bergwerk lieferte sehr viel Bleiglanz, woraus dann das begehrte Blei geschmolzen

wurde. Bis 1798 war der Grubenbetrieb im Gange, dann wurde er wegen Unrentabilität eingestellt. Im 19. Jahrhundert, anläßlich des Brennerbahnbaues, brauchte man das Bergwerk im Ridnauntal noch einmal, da die früher nicht verwerteten Vorräte an Zinkblende nun dringendst benötigt wurden. Immerhin waren dabei noch 300 Männer beschäftigt, und Schneeberg wurde somit das größte Erzberggebiet Tirols um die letzte Jahrhundertwende. Nicht mehr die Jungknappen, sondern Frauen, vornehmlich Italienerinnen, sortierten jetzt das Erz. Und die Technik zog auch am Schneeberg ein: Elektrische Bohrer und Transportanlagen erleichterten die Arbeit. Aber schon bald wurde auch der Abbau von Zinkerz unrentabel.

Schneelandschaft im Sterzinger Becken.

Faszinierende Bergwelt am Pfitscher Joch.

Lang ist der Weg von Sterzing aus über Gasteig und Stange weiter nach Mareit, dann über eine Anhöhe ins Ridnauntal und hinauf zur letzten Siedlung in Maiern. Aber er lohnt sich, gerade an einem schönen und klaren Sommertag, wenn man zeitig aufbricht. Zuerst in Mareit, zur Rechten die graue Kalksteinkette der Telfer Weißen, zur Linken die hellen Wände des Ratschingser Marmorbruches – ein bedeutendes Unternehmen seit langem schon: Die schönsten Marmorstücke wurden sogar nach Wien geliefert und für den Schönbrunner Garten gebraucht. Über dem schmucken Dörflein Mareit steht die imposante barocke Schloßanlage Wolfsthurn, bereits lange im Besitz der Familie Sternbach. Nach einer Anhöhe öffnet sich das breite, aber wegen seiner Höhenlage merklich rauhere Ridnauntal. Hier soll einmal ein großer See gelegen haben. Jetzt breiten sich die weichen Wiesenmatten aus, ab und zu von einem kleinen Hügel unterbrochen. Die schlichte weiße Kirche zur hl. Barbara – im Volksmund als Knappenkirche bekannt – erinnert an die reiche Bergknappenzeit, als die Knappen zum Dank ihrer gesegneten Arbeit diesen Ort der stillen Andacht errichten ließen. In Maiern beginnt der ansteigende Saumweg, auf dem einst die Bergleute mit ihren Pferden das Erz zum Tal hinaus beförderten. Mühselig ist jetzt der Anstieg, der Blick hinaus über das Tal bis in die Sterzinger Gegend ist dafür aber überwältigend.

Beim Anstieg merkt man, wie das Tal immer enger, die felsigen Hänge immer steiler werden; wild und fast zum Fürchten ragen die Gipfel in die Höhe; von weit her rauscht ein Wasserfall. Der Wildbach vereint sich bei der Gabelung mit den übrigen Gewässern. In so großer Höhe wachsen Zirbeln und schwarze Erlen am besten. Ganz in der Nähe liegt der Eingang zum tiefen Stollen, der Durchschlag verband das Berggericht Sterzing mit jenem von Passeier. Den Knappen wurde dadurch ein weiter Weg verkürzt, der Transportweg des Erzes zu den Schmelzhütten nach Grasstein erheblich erleichtert. Das Schmelzwerk gehörte zuerst den Gewerken Paumgartner aus Augsburg, später den Fuggern. Dieses berühmte Augsburger Geschlecht trat als erfolgreiches Unternehmen im Sterzinger Raum seit 1524 auf. Die vielen Investitionen und Arbeitsmöglichkeiten lockten auch Knappen aus der süddeutschen Gegend an. Jakob Fugger war mit den vielen tüchtigen Knappen bald ein reicher Gewerke, der auch am Schneeberg viele Stollen besaß. Weil die Fugger die gewonnenen Erze zumeist in Sterzing und nicht in Nordtirol verarbeiten ließen, kam es zuweilen zu Zwistigkeiten mit Schwaz oder Rattenberg. Für die Schmelzhütte in Grasstein wurde viel Holz benötigt. Immerhin mußten sechs Öfen und ein Röstofen beheizt werden. Die Rauchschwaden waren für Mensch und Tier fast unerträglich. Nach 1560 wurden die meisten Erzgruben am Schnee- und Telfer Berg sowie in Pflersch unrentabel. Die klugen Fugger zogen sich aus diesem Geschäftsbereich zurück. Die Knappen gaben aber auch in den nächsten Jahrzehnten nicht auf und gruben in noch größeren Tiefen; neue Stollen wurden angelegt, oft lohnte sich die Schinderei gar nicht. Der Carl-Unterbaustollen in ungefähr 2000 Metern Seehöhe wurde 1660 angeschlagen, 90 Jahre lang sollte es aber dann dauern, bis die Bergleute auf eine erste Erzader stießen.

Von einem anderen lebendigen Knappendorf muß in diesem Zusammenhang die Rede sein: Gossensaß am Eingang ins Pflerschtal. Einige Historiker behaupten, daß das Bergwerk von Gossensaß-Pflersch zu den ältesten im Wipptal zähle. Manche meinen, daß bereits um 1280 hier Erz abgebaut wurde. Wo heute die große Blechlawine der Touristen durch den Ort oder darüber auf der hohen Autobahnbrücke rollt, fanden sich einst Hunderte von Knappen ein, lebten mit ihren Familien über die Wochenenden dort und zogen dann wieder in die fernen Stollen der hochgelegenen Berge im Pflerschtal. Das 15. Jahrhundert brachte regen Handel und somit Wohlstand. Gossensaß wurde ein reiches, aufstrebendes Knappendorf. Dennoch blieb es von einer furchtbaren Katastrophe nicht verschont: Am 26. Mai 1447 brach mitten im Dorf ein großer Brand aus – dazu ein Zeitzeuge jenes Unglücks:

In demselben jar am freitag vor pfingsten verpran Gossensaß ganz und gar, daß wenig heuser beliben; es war sicher jamer und not und große klag von armen leuten, die da verprunnen waren.

Im gesamten ehemaligen Berggerichtsbezirk – in Sterzing, Ridnaun, Pflersch oder Gossensaß – sind heute noch über dem Türeingang und an Häuserfassaden alter Bauernhöfe Embleme aus jener Zeit vorhanden, Zeugen einer bedeutenden Epoche, die man nicht missen und vergessen möchte. Portale tragen die Insignien der Knappenschaft: Hammer und Schlägel, übereinanderliegend, was soviel wie „*Glück auf!*" bedeutete. Schlägel und Eisenkeil waren

Einzigartig ist die Marmor-Umrahmung des spitzbogigen Portals von St. Barbara zu Gossensaß. Die seitlichen Bergwerkwappen und der in der Mitte thronende Totenschädel erinnern an eine geschichtsträchtige Zeit, als der Bergbau in Gossensaß und im Pflerschtal voll in Blüte stand, aber auch viele Opfer forderte.

die wichtigsten Werkzeuge des Knappen. Das Ralserhaus direkt an der Hauptstraße in Gossensaß ist uns als altes Knappenhaus mit Bergknappenmotiven an der Außenfassade erhalten geblieben.

Berühmtes und kostbares Kunstkleinod der Knappenzeit in der Sterzinger Gegend ist die St.-Barbara-Kapelle in Gossensaß, mit dem imposanten Spitzbogenportal samt Bergwerkwappen und Totenkopf und im Inneren vor allem das Kunstjuwel: der Flügelaltar mit der Schnitzfigur der hl. Barbara in der Mitte. Das Kunstwerk wird der Pacher-Schule zugeschrieben. Die Knappenkapelle mit dem kostbaren gotischen Altar zeugt von einer reichen Ära, als die Bewohner durch den hohen Gewinn aus dem erzhaltigen Gruben ihre Lebensweise vielfach umstellten, einer Zeitspanne, in der die Pflerscher Mädchen eben noch lieber einen Knappen heirateten als den besten Bauernsohn. Die Gewerken, also die Unternehmer zu dieser Zeit, – zumeist reiche Familiengeschlechter, wie die Fugger, oder Landesfürsten – häuften sich große Reichtümer an, aber – und dies will hervorgehoben werden – auch die Bergleute selbst verdienten gut. Mit dem Bergwerkswesen hingen noch viele andere Berufszweige zusammen: das Gastgewerbe, das Rad- und Fuhrwesen, sie alle erlebten goldene Zeiten, ebenso die Schmiede, Sattler oder Schuster. In den Knappendörfern war der Wohlstand überall sichtbar: Höfe wurden ausgebaut, neue Wohnhäuser errichtet, Knappen ließen neue Kirchen oder Kapellen einweihen; nicht nur der Lebensstandard war hoch, auch der Bildungs- und Kulturstand erreichte einen neuen Höhepunkt: Die Leute hatten eine Vorliebe für Schmuck und Ästhetik, zeigten Sinn für Unterhaltung und Humor bei den vielen Theaterstücken. Geistliche Spieltexte oder lustige Fastnachtspiele regten das Gemüt an und belebten den Alltag. Sterzing trat da in den Mittelpunkt des Geschehens. Mit dem Bergbau verbunden war auch der Verkehr – es kam zu ausgedehnten Reisen und regerem Handelsaustausch zwischen Nord und Süd, vor allem zwischen Augsburg und Venedig.

Um 1400 war die Eisackstadt für viele ein wichtiges Reiseziel. Aus dem fernen Schwaben oder dem noch weiter entfernten Württemberg reisten die künftigen Bergleute an. Damals lebten zuerst nur rund 1700 Menschen im Städtchen, bald wurden es aber immer mehr. 10 000 zugereiste Knappen sollen es gewesen sein, die sich dann in und um Sterzing ansiedelten. Kunstvolle Bauten, schmucke Bürgerhäuser, wohlausgestattete Ansitze, malerische Innenhöfe, Kirchen und Kapellen mit wertvollen Altären sind die erhaltenen Relikte einer in sozialer, wirtschaftlicher und politischer Hinsicht bedeutsamen Epoche. Sterzings geschlossenes Straßennetz, die Altstadt mit ihren Häusern in Reih und Glied, der alte Zwölferturm, die daran anschließende Neustadt mit den Giebel- und Zinnenhäusern und den kleinen Laubengängen: all dies verdankt sein Aussehen jener Zeit. Selbst der verheerende Brand im 15. Jahrhundert zerstörte nicht alles. Die vielen finanzkräftigen Gewerken behoben schnell die Schäden; der Wiederaufbau war eine rasche und gelungene Angelegenheit.

Die „Goldadern" in den nahen Gruben und der zunehmende Handelsverkehr auf der Brennerstraße hatten Gossensaß Reichtum gebracht. Fremde kamen an und einige blieben, und so mancher war besorgt über die Bewahrung der Sitten und Aufrechterhaltung der Ordnung. Über die Verwilderung der Mores wissen noch viele Sagen Näheres zu berichten, alte Sagen, unverbürgte Geschichten vor dem oft nicht eindeutigen geschichtlichen Hintergrund.

Wandert man von Obertelfes aus hinauf durch den dichten Nadelwald in Richtung Atscher Wiesen, kann man ungefähr auf halber Wegstrecke bei einem Brünnlein rasten und den Durst mit dem kühlen Quellwasser stillen. Eine Tafel erzählt von der Entstehungsgeschichte der köstlichen Quelle. Wie die Sage berichtet, brachten abwechselnd Frauen ihren Männern, die in den Gruben unter den Telfer Weißen schürften, das Essen jeden Tag entgegen. Doch einmal mußten sie die schlimme Schreckensnachricht vom Grubenunglück vernehmen: Ihre Männer waren tot, die Frauen aber wußten sich in ihrem Elend nur mit Weinen und Klagen zu helfen. Seitdem heißt dieser Ort Witwenbrunnen.

Der Bergbau im Wipptal weist eine große Vergangenheit auf. Vermutlich hatten sich bereits rätische Siedler auf die Suche nach Erz gemacht, für Waffen und Gebrauchsgegenstände. Erzherzog Sigmund, Kaiser Maximilian oder die Fugger aus Augsburg waren berühmte Gewerken, die das Schürfen nach Erz förderten und finanziell unterstützten. Gossensaß war einmal eine große Knappensiedlung. St. Barbara neben der Pfarrkirche zur Unbefleckten Empfängnis (hier im Bild) ist ein kostbares Überbleibsel jener aufstrebenden Epoche.

Für die lasterhafte und zügellose Lebensweise vieler Knappen in Telfes soll das schlimme Grubenunglück eine harte Strafe bedeutet haben. Die Knappen trieben es einfach zu bunt: Das Brot wurde nicht verzehrt, sondern zum Abputzen der Kinder verwendet, den Mädchen waren sie zu eitel und hochnäsig, den Ochsen zogen sie lebendig die Haut ab – doch die Geschichten sind nicht neu, man begegnet ihnen immer und überall; die Knappen gingen frevelhaft mit ihren Dingen nicht nur in Telfes, sondern auch in Ridnaun oder Gossensaß um, und das Zügellose, die prahlerische Art gehörte zu ihrem Lebensstil. Die Phantasie des Erzählers spielte dabei auch eine erhebliche Rolle – Grubenunglücke waren nun einmal spektakuläre Ereignisse; die außergewöhnliche Lebensweise eines Knappen wurde nicht selten in vielen Geschichten ins Übertriebene gesteigert und ziemlich verzerrt dargestellt.

Vom prähistorischen Bergbau im Pflerscher Tal ist gar die Rede, und man wird bei dieser Behauptung auf die Steinzeichnungen auf einem Felsenblock neben dem Eingang zu einem heute verfallenen Stollen verwiesen: ein Sonnenrad und ein Kreuzeszeichen. Unheimlich und gefahrenvoll wirkt hier die Landschaft, besonders im Herbst, wenn die ersten Nebelschwaden den imposanten Tribulaun umhüllen und ihn den ganzen Tag über in einen grauen Schleier kleiden, wenn das helle, harte Kalkgestein in der Abenddämmerung in Kontrast steht zu dem dunklen, aber weicheren Schieferschutt. Die „Hölle" befindet sich ganz in der Nähe der prähistorischen Zeugen: ein großartiger Wasserfall, unweit der höchsten Höfe von Pflersch des Weilers Hinterstein. Der Ort muß eine alte Siedlungsstätte sein – gleich hinter dem Steinhofer findet man Schalensteine, runde Vertiefungen, deren Zweck man nicht so recht zu deuten vermag.

Das Schürfen nach kostbaren Bodenschätzen, das Anlegen von Stollen und Transportwegen hatte oft Auseinandersetzungen mit den Grundeigentümern zur Folge. Diese Konflikte mußten dann rechtlich genau geregelt werden. Zu diesem Zweck wohl erließ 1427 Herzog Friedrich eine eigene Bergordnung für Gossensaß, die jedoch für Gesamttirol bestimmend war. Bereits aus dem Jahre 1213 ist uns eine Bergwerksordnung von Trient bekannt, ein weiterer Hinweis, daß es zu jener Zeit in Tirol Bergbau gegeben haben muß; um 1280 sollen bereits Knappen in der Gossensasser Gegend geschürft haben. Kernformel der Bergordnung war, *„daß die freyung des pergs restigklich gehalten werde"*. Laut Bergordnung von 1427 und 1449 genossen die Bergleute die Freiung: Sie hatten bestimmte Vorrechte, wie den Wochenlohn oder den Schutz vor willkürlichen Verhaftungen bei der Arbeit. Als Organ der Verwaltung und Rechtssprechung war ein Bergrichter vorgesehen, der vom Landesfürsten ernannt wurde. Die Berggerichte hatten für die Aufrechterhaltung der Ordnung zu sorgen, und das Berggericht Sterzing-Gossensaß war das größte in Tirol, da es die Gerichte Sterzing, Rodeneck, Sarnthein, Passeier und Steinach umfaßte. Erst 1744 wurde dieses Berggericht aufgehoben. Dann trat eine Umorganisation ein: Das Montanrevier diesseits und jenseits des Brenners wurde dem Landgericht Sterzing zugeordnet. Die richterliche Ordnung versah nun der Geheime Rat Franz Andree Freiherr von Sternbach. Das Bergbauwesen hatte zu dieser Zeit seinen Höhepunkt längst überschritten.

Der Bergrichter hatte viel zu tun; oft mußte er über die Fehltritte und Ausschweifungen der Bergknappen Recht sprechen. Peter Fabian war einer der vielen im Berggericht Gossensaß, der sich wohl über die mannigfaltigen Mißstände – Totschlag, Diebstahl und Raub – den Kopf zerbrach. Einer der letzten Bergrichter war Franz Antoni von Avanzin. Der Bergrichter war aber auf jeden Fall eine hochangesehene Persönlichkeit, bei der sogar der Landesfürst wegen einer Belehnung ansuchten mußte. Die Bergrichter belehnten Wald, Gruben und Gewässer. Sterzinger Familien – die Geizkofler, die Jöchl, die Flamm, die Köchl – waren die Gewerken, ebenso der Bischof von Brixen, und natürlich die Fugger und noch andere namhafte Augsburger und Schwazer Familien. Die Gewerken investierten ihr Geld in den Bergbau und erwarben so Lehen.

Die Arbeit des Bergrichters wurde relativ gering bezahlt, seine Wohnung stand ihm aber mietfrei zu. Der Bergrichter Sterzings residierte in der Nähe des Zwölferturms. Mit dem Gerichts-

Jedes Stadtbild unterliegt dem Lauf der Zeit, auch dieses. Es zeigt das berühmte Sterzinger Rathaus von außen. Es ist aber ein Kunstjuwel geblieben, auffallend vor allem wegen der polygonalen Eckerker und der kunstfertig geschmückten Fensterbrüstungen. Heute sind die Kleinkrämer, die um 1930 dort ihre Waren feilboten, jedoch längst unter dem finsteren Laubengang verschwunden.

buch und einem Stock in der Hand verkündete der Bergrichter vor dem Mundloch des Stollens das Urteil. Ältere, erfahrene Bergleute waren seine Geschworenen.
Die Tiroler Bergknappen, diesseits und jenseits des Brenners, zeichneten sich durch ihre Zähigkeit, durch das Durchhaltevermögen und die Tüchtigkeit aus. Sie gelangten zu Weltruf. Von Kind auf wurden die angehenden Bergleute zu Ausdauer und Fleiß bei der Arbeit erzogen. Ihre Karriere begann bereits mit zwölf Jahren, wenn sie das Gestein als Säuberjungen sortierten. Im Stollen arbeitete der Knappe oder Häuer entweder im Taglohn – die Arbeitszeit war im 16. Jahrhundert etwa schon auf acht Stunden festgelegt! – oder auf Akkord; der Lohn war dann nach der Menge des gewonnenen Erzes oder nach der Strecke bemessen. Hart war die Arbeit auf jeden Fall, mit dem Gezähe gruben und gruben die Knappen nach einer neuen Erzader, oft mit geringem Erfolg, aber unter größtem Körpereinsatz. Gesund war das Schürfen unter Tage natürlich auch nicht – bei steter Finsternis, bei schwachem Talglicht, bei schlechter Luft und ständiger Feuchtigkeit und einem unangenehmen Luftzug durch die Schächte. Von gesundheitswidrigem Klima am Schneeberg weiß auch eine kurze, aber prägnante Landesbeschreibung von Marx Sittich von Wolkenstein zu berichten: *„Bei Sterzing am Schneeberg ist ein berühmt Bergwerk, gibt Silber und Blei in großer Menge, erhält und befördert bei 600 Knappen, ist ein so luftig und windiger Ort, daß man auch das rohe Fleisch an dem Wind dörren und aufselchen mag"* – um 1600 kann dies durchaus zugetroffen haben.
Sogar im Schwazer Bergbuch von 1556 ist eine Zeichnung dieses Bergbaugebietes im südlichen Wipptal abgedruckt. Seit 1237 wird der Abbau von Erz an diesem Ort erstmals urkundlich bezeugt – 1986 wurde die Arbeit am Schneeberg endgültig eingestellt. Viele

Das abseits gelegene Knappenkirchlein St. Magdalena in Ridnaun wurde wahrscheinlich von Knappen und Gewerken im 15. Jahrhundert errichtet, nachdem ein Brand die ältere Kirche zerstört hatte. Von besonderem kunsthistorischem Wert ist der prächtige Flügelaltar mit dem gotischen Schnitzwerk aus der Hand des Sterzinger Meisters Matheis Stöberl.

Die Knappenkapelle von Ridnaun rüstet sich zu einem Ständchen.

Sagen entstanden über die Entdeckung erster „Goldadern" im Gebirge: Einem Gemsjäger soll eine schöne Frau Reichtum unter der Bedingung versprochen haben, daß er vom Jagen ablasse; und sie zeigte ihm eine große Silberader. Weil er aber nach Jahren doch wieder auf die Pirsch ging, versiegte dann für immer diese Erzquelle.

Zinkblende und Bleiglanz konnten am Schneeberg zutage gefördert werden. Bereits in der Grube wurde das Erz vom tauben Gestein getrennt, auf Hunden (Rollwägen) wurde es vor den Stollen gebracht und nochmals sortiert. Am Schneeberg wurde der Lohn zunächst nicht wöchentlich, sondern gar nur einmal im Jahr ausgezahlt: Zu viel Geld hätte die Bergleute nur zu Verschwendungssucht getrieben; auch konsumierten sie oft viel Alkohol, und in den Dorfgasthäusern von Maiern kam es nicht selten zu Streit und Schlägereien, so daß auch der Bergrichter einschreiten mußte.

Die größten Sorgen bereiteten am Schneeberg die Transportschwierigkeiten und die damit verbundenen hohen Kosten. Der Saumweg war weit und mühselig. Das Erz wurde in Ledersäcke gefüllt und über die 2680 Meter hohe Schneebergscharte auf einem schmalen Weg ins Lazzachental gesäumt. Auf Pferdefuhren brachten die Bergleute es dann nach Maiern und weiter zu den Schmelzhütten, entweder nach Wiesen oder Grasstein. Ursprünglich wurde das Erz durch die Magdalenenschlucht nach Mareit, von da über Telfes und Thuins nach Sterzing weitertransportiert – dies zu Zeiten von Überschwemmungen; ansonsten wählte man ab Mareit den Talweg über Stange und Gasteig nach der Fuggerstadt. Von da ging's mit dem Erz über den Brennerpaß durch das nördliche Wipptal nach Hall, und zwar per Schiff, wofür der Pfleger in Sterzing zuständig war. Später erleichterten der Kaindlstollen, dann ein längerer Schienenweg und schließlich die Seilbahn den umständlichen Transport des Erzes. Der alte Erzweg endete am Fuß des Magdalener Hügels, dort stand bis 1713 die Ridnauner Schmelzhütte. Wegen des Holzmangels mußten Schmelzhütten immer wieder verlegt werden.
Bei den Bergleuten traten häufig Krankheiten auf: Darmkrämpfe, Verstopfung, Staublunge, Silikose. Ein Knappe berichtete:

> *Da ich in der ersten Zeit das Wasser am Schneeberg nicht vertrug, es war aus der Lagerstätte bleihaltig, neigte ich stark zu Koliken. Ein altes Hausmittel der Knappen – allerdings eine Roßkur – war nun, ein Glas Schnaps mit mehr oder weniger Pfeffer zu mischen und den Inhalt des Glases in einem Zuge zu leeren. Mit der Zeit jedoch gewöhnte sich der Körper an den Bleigehalt.*

Die reichen Gewerken waren die eigentlichen Förderer des Bergbaues, der Landesherr mußte aber dazu einwilligen. Die Gewerken bezahlten dafür einen Wechsel oder Fron, so etwa Landesfürst Erzherzog Sigmund oder der Brixner Fürstbischof Melchior von Meckau, Kaiser Maximilian, Kaiser Ferdinand I. oder Jakob Fugger. Mitte des 16. Jahrhunderts sank der Gewinn für die Gewerken, die Knappen mußten um ihren Arbeitsplatz bangen. Denn nach und nach verkauften alle Gewerken ihre Anteile, und viele reiche Familien wanderten ab. Die Kosten überstiegen einfach den Wert der Förderung.
Die Bergwerke am Schneeberg, am Telfer Berg und im Pflerscher Tal wurden ein Opfer der Zeit. Das Schürfen nach dem Erz war nun den Menschen zu aufwendig und vor allem zu kostspielig. Als Denkstätte einer blühenden Ära, nicht nur in wirtschaftlicher, sondern auch in kultureller Hinsicht, verdienen es die historischen Überbleibsel dieser Zeit, daß man sie erhält und ihnen ein Museum widmet. Im Falle des Bergwerkes am Schneeberg ist man bei der Realisierung dieses Vorhabens bald am Ziel angelangt. An einem Museum in Sterzing wird ebenfalls gearbeitet.

Entlang der Sill

Es ist schon hervorgehoben worden, daß das südliche und nördliche Wipptal, obgleich durch einen Paß und seit nunmehr über siebzig Jahren durch eine Grenze getrennt, durch und durch eine Einheit bilden. Das einheitliche Landschaftsbild südlich und nördlich des Brenners unterstreicht noch diese Tatsache. Ebenso ist der Brenner keine Wetter- und Klimascheide, und auch in vegetationskundlicher Hinsicht trennt er das südliche Tal nicht vom nördlichen: Fauna und Flora sind auf beiden Seiten identisch. Auch die Entwicklung der Kultur verlief bis zum Ersten Weltkrieg nicht getrennt. Auf beiden Seiten des Paßüberganges sprechen die Menschen denselben Dialekt und tragen zu besonderen Anlässen und an den kirchlichen Feiertagen dieselbe Tracht. Sie bebauen die Wiesen und Äcker seit jeher mit denselben Mühen, unterscheiden sich nicht bei Festen und Veranstaltungen und erzählen von einer gemeinsamen Geschichte. Die Beschäftigung mit der Natur hat die Landschaft geprägt. Der Kampf mit den Elementen formte Siedlungsgebiete und hinterließ in den Furchen der Täler, Wiesen, Wälder, Almen und Mähder seine Spuren.
Auf den Brenneralmen sammeln sich die Wasser für Eisack und Sill. Und dem Lauf des Baches im nördlichen Wipptal wollen wir nun folgen – einen Gang der Sill entlang unternehmen und hin und wieder einen kurzen Blick in die Seitentäler werfen.
Bei den Griesberger Almen springt die Sill herab, und spätestens beim alten Gasthof Kerschbaumer weiß jeder, wer ihn von hier weg nun begleitet. Der Brennersee, gleich unterhalb der Grenze gelegen, wurde durch den Bau der Autobahn gänzlich verschandelt. Zuvor war der See, der früher Dornsee genannt wurde, ein Gebirgssee, der den Vergleich mit anderen Seen in den Bergen nicht zu scheuen brauchte.
Am alten Lueger Kirchl entsinnt sich der Heimatkenner der unglücklichen Tage von 1809 und der Hinrichtung verbitterter Helden im Jahr darauf. Andreas Hofer hielt sich mit seinen Leuten in dieser Gegend auf und zog voll Zuversicht mit den Tiroler Schützen gen Berg Isel. Schon im blutigen Spanischen Erbfolgekrieg hielten sie hier den Ansturm der Bayern auf und drängten sie bis Schönberg zurück. Das Kirchlein, den Heiligen Sigmund und Christoph geweiht, ist heute dem Verfall ausgesetzt, und der Zahn der Zeit nagt an den Fassaden und am alten Stein. Noch immer aber beeindrucken die Mauerumfriedung und der Friedhof mit vielen geschichtsträchtigen Namen.

Zur folgenden Doppelseite:
Das Wipptal ist unmittelbar nach dem Brenner auffallend eng und eher dünn besiedelt.
Erst nach Gries in Richtung Steinach und Matrei wird es breiter.

Hoch oben zieht die Autobahn mit unerbittlicher Konsequenz weiter, und knapp darüber besticht das St.-Jakobs-Kirchlein von Nößlach. Wohl kein Passant dieser schnellen Straße übersieht diese religiöse Kostbarkeit. Der Überlieferung nach stiftete ein Trautson dieses beeindruckende Kirchlein.

Vor dem Dorf Gries einen sich Sill und Obernberger Bach, der aus dem gleichnamigen Tal strömt; dieses steigt bei Gries/Vinaders auf zum Hauptort auf knapp 1400 Meter über dem Meeresspiegel. Von hier aus ist es über die Wildgrube nicht mehr weit zum Tribulaun und dessen einladender Berghütte. Bis in das 16. Jahrhundert hinein schürften Berknappen in Obernberg nach wertvollen Erzen. Es kann daher angenommen werden, daß Knappen zur

Das alte, jedoch ziemlich verwahrloste St.-Sigmund-Kirchlein am Brenner auf österreichischem Staatsgebiet: Hier unten im Tal befand sich ehemals die Zollstätte Am Lueg. Viele Händler und Krämer passierten den schmalen Weg, heute überqueren hoch oben beinahe unzählige Laster, auf jeden Fall viel zu viele, die Grenze. Auf dem Turm nistet in Seelenruhe ein Falkenpärchen.

Besiedlung dieser Gegend kräftig beitrugen oder gar selbst die ersten Siedler waren. Denn bereits im 13. Jahrhundert betrieb das Hochstift Brixen hier ein Silberbergwerk. Und ganz hinten im Tal liegt Padrins, 1288 erstmals urkundlich genannt. Der Ort ist seit Jahrzehnten nicht mehr besiedelt.

Der Obernberger Tribulaun überragt das Wasser des Obernberger Sees, idyllisch mitten im Wald gelegen, umgeben von hohen Bäumen. Eine Insel teilt den See in zwei Teile, und auf der Insel steht einsam ein Kirchlein. Erwähnt sei noch, daß uralte Bauernhöfe das Obernberger Tal, das beinahe schluchtartig anmutet, auch in kulturgeschichtlicher Hinsicht zu einem Juwel machen.

Das Hügelkirchlein von Nößlach überragt die Gegend um Gries. Weiter unten rollt die Blechlawine vorbei. Dieses Kleinod hat durch den Bau der Autobahn zu seinen Füßen viel vom ehemaligen Reiz eingebüßt.

Zur folgenden Doppelseite: Der Brennerpaß, diesmal mit Blick in das südliche Wipptal.

Gries erhielt seinen Namen von der es umgebenden Landschaft, denn das Wort heißt so viel wie Schotter, Sand oder ähnliches. Die alte Römerstraße führte hier vorbei, was eine frühe Besiedlung vermuten läßt. Allerdings, wie stets zu alten Zeiten, waren die Wege etwas oberhalb der Talsohle angelegt – in diesem Fall über Vinaders nach Nößlach und weiter.
Alois Falk, früher Kaplan an der Sill, erlebte hautnah den Alltag in dieser Gegend. Aus seiner Erinnerung schrieb er über Gries:

> *In Gries trafen wir uns regelmäßig am Sonntag nach Maria Heimsuchung zur dortigen Patroziniumsfeier. Da ging's traditionsgetreu tirolerisch her. Die Schützenkompanie marschierte zu Beginn des Gottesdienstes hinter dem Speisgitter auf. Militärisch galant schwang der Kommandant seinen Säbel zum Gruß gegen den Tabernakel hin. Längst schon hatten beim Ersteläuten von der Anhöhe in der Bahnhofnähe herab die Böllersalven gekracht, die beim festlichen Zusammenläuten neu aufdonnerten. Die Kirchenchoraufführung dirigierte der im besten Sinne als fanatisch musikleidenschaftlich bekannte Kaplan Ander Saxer, langjähriger Religionslehrer in Innsbruck, ein gebürtiger Obernberger. Bis ihn als Übersechzigjährigen eine Embolie im rechten Arm ereilte, der er denselben und bald nachher das Leben opfern mußte, leitete er begeistert die Musikkapellen von Obernberg, seiner Heimat, und Gries, wo er auch Chormeister war.*

Der nächste Ort ist Stafflach, wo die Sill ihren Lauf mehr rechts, die ebene Landschaft durchbrechend, nimmt, die Straße hingegen an der linken Talseite weiterführt. Hier bei Stafflach liegt gleich rechts das Örtchen St. Jodok, von dem aus das unvergleichlich beeindruckende Schmirntal seinen Ausgang nimmt. St. Jodok erhielt den Namen vom Patron seiner Pfarrkirche, geweiht im Jahre 1429. Der gesamte Ort feierte 1866 eine besondere menschliche Leistung: die Fertigstellung des Kehrtunnels der Brennerbahn. Zum erstenmal war das System des Kehrtunnels erfolgreich angewandt worden. Denn ähnlich wie im südlichen Wipptal zwischen Gossensaß und Brenner hat die Bahn auch im nördlichen Teil einen schwierig steilen Aufstieg zu bewältigen. Den Alten im Tal schauderte beim Anblick der ersten schnaufenden Lokomotiven, denn nach ihrem Verständnis konnte darin nur der Teufel selbst am Werk sein. So kam ein altes Weiblein von St. Jodok außer Atem heim und erzählte den Kindern mit hastigen Worten: „Kinder, betet's! Itz isch schun wieder der Tuifl mit an gonzen Dorf in die Höll ogen gefohrn!"
Rechts vom Ort biegt eine Kurve in das Valser Tal ab. Beide Seitentäler beeindrucken zutiefst, und der letzte Weiler im hintersten Schmirntal – dort, wo die Straße endet und die Berge um das Tuxer Joch den Horizont abrunden – dieser Weiler Kasern läßt erahnen, welches Temperament im Grunde dem Wipptal anhängt. Es ist ein landschaftliches Grenzgebiet, das niemand unterschätze und in dem die reiche Abwechslung zwischen sanfthügeliger Tallandschaft und den abweisenden Felsen besonders zum Ausdruck kommt. Die Gastfreundschaft ist aber überall zu Hause, in Schmirn, Toldern und Kasern, ebenso auf den einsamen Berghütten knapp unter dem bizarren Gestein. Die Ruhe ist hier weitgehend erhalten geblieben. Die Menschen wissen noch zu unterscheiden zwischen unentgeltlichen natürlichen Werten und dem Kommerz. Die Kirchen in diesen Seitentälern sind in die Landschaft gemalt. Und weil die Landschaft eine Einheit bildet, sind viele Ähnlichkeiten unverkennbar. Das Schmirntal ist wie

*Blick auf Steinach.
Verschämt scheint die Autobahn dem Ort auszuweichen,
so gut es eben geht. (Doch gut geht's eben nicht ...)*

Holzmeiler im Schmirntal.

Die barocke Hügelkirche in Obernberg.

Altes bäuerliches Arbeitsgerät wird bei so manchem Wipptaler Bauernhof ehrenvoll aufbewahrt.

*Die Feldarbeit ist noch voll im Gange.
Ein Valser Bauer beim Miststreuen an einem föhnigen Frühherbsttag.*

*Charakteristisch für die ländliche Gegend
um Trins im Gschnitztal sind Bauernhöfe dieser Prägung:
Hier drückt sich die eigenwillige und unabhängige
Existenz der Bauern am deutlichsten aus.*

das Valser Tal typisches Bergbauerngebiet. Einstmals war es rätisch besiedelt, daran erinnern noch heute Flur- und Hausnamen. In diesem Tal liegt der höchste Bauernhof des Wipptales: der Hochgeneinerhof auf 1670 Meter. Bergstürze, Wildwasser und Lawinen bedrohten wiederholt Menschen und Häuser des Tales. 1868 riß das Hochwasser eines Gletscherbruchs acht Häuser mit, 1951 forderten Lawinen fünf Menschenleben und vernichteten sechs Höfe. Und auch noch heute leben die Menschen weiter in der Gefahr, den Elementen nicht gewachsen zu sein. Im Talinnern liegt mitten in idyllischem Hochwald das Wallfahrtskirchlein zur Kalten Herberge. Ein Besuch lohnt sich allemal, zumal diese Stätte der Frömmigkeit ohne Schwierigkeit zu erreichen ist.
Die Tuxer Alpen überwältigen das Valser Tal. Den Einheimischen sind sie Alltag, den Besucher ängstigen sie zuerst, das Gespräch über sie dauert aber in jedem Winkel des Tales an,

Zufriedene Wipptaler Bauersleut nach der Feldarbeit.
Die letzten Heuschober sind eingebracht.

bis die steinernen Giganten aus dem Blickfeld der Menschen treten. Früher einmal dienten die saftigen Wiesen des Valser Tales als Weiden und Almen für die Bauern von Mauern bis Steinach. Von Innervals gelangt man zur Hochsiedlung Padaun, von deren Sattel der Übergang zum Brennersee möglich ist. Dieser Weiler in rund 1550 Meter Höhe ist ein einmaliges landschaftliches Juwel der gebirgigen, aber dennoch bis weit in die Höhen hinauf fruchtbaren und urbar gemachten Alpen.

Dann ist die Sill aber schon ein gutes Stück weitergezogen und legt, ohne Rücksicht auf die Begleitung, keine Rast in Steinach ein. Der Ort ist seit langem, wie Matrei, touristisch begehrt. Es wird ihm eine besonders würzige Luft nachgesagt, zudem liegt das Dorf in einer sanften Ebene. Von der anderen Seite herüber grüßt das St.-Valentins-Kirchlein in Mauern – wiederum wie mit Hügeln, Wiesen und Wäldern geboren und gewachsen.

Das Straßendorf Steinach: Die Bundesstraße führt mitten durch den Ort. Wirtshäuser und Läden säumen diese Verkehrsader. Oberhalb zieht sich – ein gewaltiges Bauwerk – die Autobahn an der Westflanke des Wipptals entlang. Vom Ort biegt auch eine schmale Straße nach Trins und damit ins Gschnitztal ab – hinein in die weite Gipfelflur der Stubaier Alpen.

Der Sill folgend steigt bei Steinach das Gschnitztal an, mit den beiden Hauptorten Trins und Gschnitz. Das Tal hat eine unbeschreibliche Charakteristik, über die Adolf Pichler folgendes ausführte:

> *Der Wanderer laß es sich nicht gereuen, von der Landstraße ein Viertelstündchen ins Trinser Tal abzuweichen, unser Plätzchen unter den Lärchenstämmen links am Bache wird ihn durch seine prachtvolle Fernsicht belohnen. Das Eigentümliche des Panoramas liegt in den gewaltigen Felskulissen zu beiden Seiten, während den Hintergrund große Gletscher abschließen. Die Mannigfaltigkeit der Formen entsteht durch die Verschiedenheit der Gesteine: die prallen Kalkwände schmückt kaum ein schmales Grasband, indes der Schwarzfels, der ihnen zur Unterlage dient, üppige Wälder und Almen nährt. Rechts erhebt sich über all den Eiskuppeln der Habicht, dem an Schönheit kaum ein Berg zu vergleichen sein dürfte.*

Das Gschnitztal zählt zu den schönsten Tälern Nordtirols, denn Berge, Almen, Wälder, Wiesen, Wege, Gehöfte und Häuser bilden eine unverkennbare Einheit. Die Pfarren Trins und Gschnitz betreuen gemeinsam das Wallfahrtskirchlein St. Magdalena mit der angebauten Einsiedelei. Dieses mystische Kleinod ist „waghalsig auf den steilen Wiesenhang und jäher Felswand hingesetzt", wie der Kunsthistoriker Heinrich Hammer meint. Und die Sage berichtet, daß der Stifter über das „Prennerische Gebirge" gekommen sei, und Vögel hätten ihm den Platz „auf dem Bergl" angewiesen.

Der Name Steinach dürfte Parallelen mit Gries aufweisen, denn beide haben eine grundsätzlich ähnliche Bedeutung. Um 1220 wird der Ort Staina genannt, und 1242 ist der Name Staynach nachgewiesen. Von hierher stammen berühmte Maler des Spätrokoko und des Klassizismus. Die Innenausstattung der Pfarrkirche ist ein beredtes Zeugnis für die begnadeten Künstler dieses Ortes. Wie früher führt auch heute die Hauptstraße mitten durch das Dorf, weshalb Steinach, wie Hans Kramer meint, ein ausgesprochenes Straßendorf ist.

Bevor die Sill Matrei passiert, empfiehlt es sich einen Blick nach Navis und in das gleichnamige Tal zu werfen. Bei St. Kathrein beginnt der Aufstieg. Dieses Tal will erwandert werden, wenngleich für den eilenden Urlauber eine breite Straße entstanden ist. Es ist ein Tal mit generationsreichen Gehöften, mit frischen Almen und wiederum von hohen Bergen abgeschirmt.

Das Kirchlein St. Katharina entstand auf den Mauern des versunkenen Schlosses Aufenstein, das sich einst erhoben haben soll „in einsamer, waldiger Gegend, wo nur der Uhu haust und in mondiger Sommernacht seine traurige Stimme hören läßt". An vergangene, mit den Aufensteinern in Zusammenhang stehenden, oft schweren Zeiten erinnert die Schloßkapelle als Zeugnis vergangenen Kunstgeschmacks. Von Navis aus, wie auch von den anderen erwähnten Orten und Weilern, bieten sich mehrere Spazierwege, Wanderungen und Bergtouren an, die allesamt besonders lohnen.

In Matrei trennt sich des Wanderers Weg vom Lauf der Sill. Diese Marktgemeinde wird gelegentlich als letzte Station vor Innsbruck bezeichnet. Der Ort ist besonders geschichtsträchtig: Als Marktgemeinde war er das einzige bischöfliche Gericht nördlich des Brenners. Früher war der Ort bekannt wegen seiner kulturellen Tradition. Davon zeugt noch heute das historische Zentrum in der sogenannten Altenstatt. Das Ortsbild erinnert an die „gute

Zur folgenden Doppelseite:
Matrei mit Umgebung und Seitentälern aus der Vogelperspektive
(Blickrichtung nach Osten). Links am Horizont bereits die
Karwendelgipfel der Innsbrucker Nordkette.

alte Zeit". Der eigentliche neuzeitliche Aufbruch erfolgt seit etwa dem 18. Jahrhundert mit dem wirtschaftlichen Aufstieg des Brennerverkehrs, den die Marktgemeinde zu nutzen wußte. Die alte gotische, später erweiterte Kirche bietet so manchen kunsthistorischen Schatz, um den sich eine Sage rankt: Ein Aufensteiner Ritter brachte anläßlich eines Zuges nach Jerusalem ein Christusbild Unser Herr im Elend mit, das seither fromm verehrt wird. Überhaupt birgt Matrei so manches Erinnerungsstück aus mittelalterlicher Zeit. Bereits im fernen Jahr 1447 gründete der Matreier Bürger Hans Günther das Heiliggeistspital. Dies ist ein besonderer Beleg für Ansehen und Bedeutung des Ortes zur damaligen Zeit. Übrigens ist bekannt, daß derselbe Bürger mit seiner Gattin Agnes die an der Brennerstraße gelegene Spitalskirche stiftete. Und die vielen Gaststätten direkt an der Straße entstanden, gleich Steinach und Gries, im Zuge der kulturellen und wirtschaftlichen Blüte, an deren Tradition heute erfolgreich angeknüpft wird.

Matrei ist die älteste Siedlung des Wipptales. Wiederum ist ein Zusammenhang mit der römischen Zeit gegeben: Matrei kann abgeleitet werden von der Göttin Matreia, also vom römischen Matreium – nennenswerte Funde im Ort und in seiner Umgebung deuten ebenso auf römischen Einfluß. Damit ist der Geschichte des Ortes aber nicht ausreichend gewürdigt, denn die Besiedlung reicht viel weiter zurück als an das Jahr 15 v. Chr., als römische Eroberer hierher kamen. Es ist naheliegend, daß sie einen bereits vorhandenen Namen aufgriffen. Funde lassen darauf schließen, daß dieses Gebiet schon um 1000 v. Chr. besiedelt war, und zwar von Illyrern. Deshalb kann einer eigenwilligen Hypothese beigepflichtet werden, die da sagt, daß der Name Matrei vom illyrischen Mater abzuleiten sei; mit dieser Mutter ist die Göttliche Herrin, die mütterliche Erde gemeint.

Auf dem nahegelegenen Hügel thront Schloß Matrei, wohl auf einer römischen Siedlungsstätte erbaut und seit dem 13. Jahrhundert Sitz der Herren von Matrei. Von besonderer Bedeutung ist die alte Schloßkapelle mit dem Haupt der hl. Euphemia. Nachdem der letzte Zweig der Matreier Herren erloschen war, kam das Schloß in den Besitz der Trautson, die diesseits und jenseits des Brenners in gutem Ruf standen. Im Jahre 1780 erbten es die Fürsten von Auersberg. Das Schloß, das in den letzten Tagen des Zweiten Weltkrieges einem Bombenangriff zum Opfer fiel, trotzt weiterhin von seiner leichten Anhöhe dem Sturm der Gezeiten, und wenn es auch nur mehr der wiederaufgebaute südliche Teil des Palas ist. Auf dieser rechten Seite übrigens, auf der Sonnseite des „Silltales" zog sich einst der alte Römerweg hin. Auf der anderen Seite von Matrei steigt der Weg nach dem bereits erwähnten lieblichen Maria Waldrast auf, von wo aus es gilt, die Serles zu besteigen.

Der Auslauf des Wipptales beginnt in Matrei, dessen Abschluß ist nicht klar definiert. Ist es die Anhöhe von Schönberg oder erst der Hügel von Isel oder die gemeinhin geltende Abgrenzung Arztalbach und Kalte Rinne unterhalb Schönberg. Die Sill macht sich darüber keine Gedanken: Lautlos verschwindet sie tief unten im Tal durch eine Schlucht.

Das Wipptal hängt unweigerlich mit der Sill zusammen. Wenn sie auch nicht schon immer ihren Namen von der Brenneranhöhe herab bis zu ihrer Mündung besaß und der erste Abschnitt Luegerin genannt wurde und wenn sie sich auch von ihrer furchterregenden Seite zeigen kann, so bleibt sie dennoch stets ein treuer Begleiter, der zwar in den Weltmeeren nicht mehr auffällt, für das nördliche Wipptal aber segensreicher Bundesgenosse ist. Die Sill ist bodenständig wie die Bevölkerung in den Berggemeinden, die mit ihr gemeinsam dieses Tal in den Alpen erhalten.

Marktgespräche und Dichterworte rund um Gossensaß

Auf vermutlich rätische Siedler und Siedlungen verweisen die Namen dieser Gegend: Tofring, Alrieß, Vallming, Lidofens, Ladurns – das Pflerschtal war schon sehr früh besiedelt. Der mächtige Felsblock am Eingang des Stollens zur „Hölle" mit drei eingemeißelten Hakenkreuzen, darüber ein Kreis mit einem Kreuz als uraltes Zeichen des Sonnenwagens beweisen dies. Solche uralte Zeugnisse sind auch die Schalensteine beim Blaseggerhof oder Steinhofer im hinteren Tal. Dazu stellte Heinrich Noé fest:

> *Noch gehen wir mitten durch ein armseliges Gerstenfeld, dann aber schreiten wir über klappernde Schieferplatten, durch Gestrüpp von Farrenkräutern, Erlen und Himbeeren, während der starre Wall des Eises immer näher und steiler vor uns aufsteigt. Wir nähern uns nunmehr der Hölle. Allerdings hat die wirkliche deutsche Hölle kein Feuer, sondern Wasser.*

Und weiter stellte er fest, daß kein einziges Tal dem Süden derart entgegengesetzt sei aufgrund des rauhen Klimas und der Felshänge wie das Pflerscher Tal. Dagegen hob Beda Weber hervor:

> *Wo deutsche Wasser südwärts fließen, scheint die Sonne durch das Tal in seiner ganzen Länge von Morgen bis Abend, und auch im tiefsten Winter ist die aufgehende Sonne um 8 Uhr bei der Kirchturmspitze in Pflersch sichtbar.*

Am Eingang in dieses naturbelassene, vom harten Gestein des Tribulauns überwachten Tales liegt Gossensaß. Der Name dieses Ortes gibt Rätsel auf. So ganz ist das Geheimnis noch nicht gelüftet, dennoch steht fest: Es waren nicht die Goten, die sich hier niederließen und einen „Sitz" hatten; es waren wohl auch nicht die Gossen, was soviel wie Gießbäche oder Abwässer von den Bergen bedeutet; da rührt der Name schon eher von einem Sitz an den Gossen her – so bezeichnete man auch im Mittelalter das gewonnene rohe Erz; noch viel wahrscheinlicher ist die Ableitung von einem „Sitz eines Gozzo". Wer dieser Gozzo war, vielleicht bajuwarischer Herkunft – seine Geschichte kennt niemand mehr! Dafür ist urkundlich überliefert, daß am 5. August 1218 der Brixner Bischof Bertold I. die Verzichtsleistung der Grafen von Eschenloh auf ihr Lehensrecht an Chunegunde, die Frau Rudolfs von Pfitsch, bekundete. Als Zeuge scheint unter anderen Cunradus de Gocensaz auf.

Die Römer sicherten sich von Sterzing aus das Gebiet nordwärts hinauf zum Brenner. Die Heerstraße führte an Straßberg vorbei, über Pontigl auf den Gigglberg zur Anhöhe. Funde aus der Römerzeit, bei Ausgrabungen in Gossensaß entdeckt, bezeugen die Anwesenheit der

Invasoren aus dem Süden: Münzen aus der Zeit der Kaiser Nero und Trajan, ein Mahlstein, eine Handmühle und Gebeine.

Im 13. Jahrhundert muß Gossensaß bereits ein blühender und aufstrebender Ort gewesen sein, der Handel war voll im Gange. Urbare aus der Zeit Meinhards II. sind erhalten. Heinrich, Markgraf von Istrien, schenkte dem Stift der Chorherren in Dießen ein Landgut in Gossensaß. 1418 gab es im Weiler Boden eine Kapelle zum hl. Antonius – von Knappen erbaut – deutlicher Beweis dafür, daß der Bergbau in Blüte stand. Dazu die älteste Urkunde vom Jahre 1423: Kunnradt Fridung verkauft seine Rechte auf 4 Neunteil einer Silbergrube und 30 Kübl Erz an den Herzog Friedrich zu Österreich, um 100 Dukaten und 100 Gulden Rheinisch.

Im ehemaligen Haus Nr. 33 mit den übertünchten Fresken besaß Niklas Paltrom ein eigenes Silberwechsleramt. Den Reisenotizen Bischof Wolfgers ist zu entnehmen, daß es, als er das Dorf passierte, Buchhändler und Apotheker gab. Es gab eine beachtenswerte Viehwirtschaft, und das Schmiedehandwerk war besonders verbreitet. Dies verwundert nicht, denn der Brennerweg war beliebt. Wer über den Paß wollte, mußte durch das Wipptal reisen und auf jeden Fall durch Gossensaß. In einem Pilgerbüchlein von 1487 heißt es:

> *Ze Isprug hand sie gnadet*
> *mit ilen gerent aweg.*
> *An Brener send sie gnahet,*
> *den kalten, hohen berg,*
> *gerastet hants ze Sterzingen,*
> *die nacht hat si begriffen in der stat ze Brixen.*

Und Anfang des 17. Jahrhunderts erfolgte der Erlaß der „Dorf- oder Gemeinde-Ordnung":

> *Es soll keinerlei Vieh 14 Tage nach St. Georgi auf die Gemeindeweide getrieben werden, bei Strafe; es soll nach St.Veitstag kein Schaf mehr auf der Kuhweide grasen, bei Strafe; es sollen keine Fuhrleute geduldet werden, welche nur im Winter führen, im Sommer aber ihre Pferde in die Weide geben, sondern nur solche mit eigenem Grundbesitz.*

Mit der Bahn kam der touristische Aufschwung – die Fremden, so wurden sie damals genannt. Es waren Touristen erster Güte, die in Gossensaß Ruhe und Erholung suchten – und auch fanden. Aufgrund dieses Aufschwungs bat der Gemeindeausschuß im Jahre 1908 Kaiser Franz Joseph I., den Ort zum Markt zu erheben. Der alte habsburgische Monarch hatte dagegen nichts einzuwenden und bewilligte auch das Marktwappen: Ein gespaltener Schild, in dessen rechtem rotem Feld auf einem aus dem Fußrand sich erhebenden grünen Dreiberg ein Bergmann steht, der in der rechten Hand einen Berghammer und in der linken eine Grubenlampe hält.

Es gab zu dieser Zeit ein Schwimmbad im Dorf, auch einen Tennisplatz. Die Kurtaxe betrug um 1905 pro Person und Woche im Hochsommer 2 Kronen, sonst 1,50 Kronen. Die Wasserheilanstalt im Gudrunhaus war weitum bekannt. Dieses Kurhaus hatte drei Stockwerke mit Kabinenbädern, Wannen mit fließendem Wasser für Fußbäder. Unter ärztlicher Kontrolle wurden Moor- und Saalbäder verabreicht. Es gab auch einen Dampf- und

Der alte Marktort und einst berühmte Luftkurort Gossensaß wird in Form einer Schleife von der Eisenbahn umfahren und von den vielen Vehikeln auf der Autobahn überquert. Heute kaum mehr vorstellbar, daß hier einmal Schriftsteller Ruhe, Erholung und geistige Inspiration suchten.

Heißluftschwitzkasten. Marie Gröbner hieß die Besitzerin. Bekannte und auch berühmte Gäste waren in Gossensaß anzutreffen. Unter ihnen der Dramatiker Henrik Ibsen, der zumeist im Grand Hotel Gröbner abstieg. Er wußte die Ruhe zu schätzen. Lang und ausgiebig spazierte er den Pflerscher Bach entlang. Der kleine, dicke Dichter fiel den Anwohnern auf, und schon bald erhielt er den Übernamen „Bachmandl". So manches Werk erlebte hier seine Geburtsstunde. Untertags wollte der Denker mit sich und seinen Dramenfiguren allein sein, des Nachts schrieb er. In Gröbners Gästebuch trug er ein: „Sei stets beglückt, du schöne Gegend! Auf Wiedersehen ihr lieben, treuen Menschen". Der Platz am Alten Berg ist nach Ibsen benannt, die Einweihung fand 1889 in Anwesenheit des Dichters statt, dabei gestand er: „Hier war es, wo gar manche meiner Schöpfungen entstanden, hier, wo einige derselben zu vollem Glanze ausreiften".

In diesem Sommer, am Abend der Einweihungsfeierlichkeiten, traf Ibsen die 18jährige Wienerin Emilie Bardach – für den Dramatiker ein entscheidendes Erlebnis: das Mädchen wurde ihm die „Maisonne eines Septemberlebens". Die Liebesbeziehung ging Ende September auseinander. Emilie schrieb: „Von herbstlichem Gebirgsnachtnebel umhüllt, beleuchteten nur die Funken der Lokomotive unseren Abschied." Die beiden sahen sich nie mehr wieder.

Der touristische Höhenflug hatte mit viel Skepsis in der Bevölkerung seinen Anfang genommen: Die Gossensasser befürchteten zuerst Arbeitslosigkeit – das Gegenteil trat ein. Vor und um 1900 entstanden neue Villen und Gasthöfe. Pionier auf dem Gebiet des touristischen Höhenflugs war Leopold Gröbner. Dazu eine kleine chronologische Auflistung, die gleichzeitig verdeutlicht, wie harmonisch alles begann.

1870: halten sich bereits zehn Sommergäste in Gossensaß auf;
1870: Im Dezember passierte Kaiser Franz Joseph Gossensaß;
1873: Der Schah von Persien, Nassr-ed-din, besucht den Ort und drückt sein Staunen über die wunderbare Ortsgegend und die vortreffliche Bewirtung aus;
1878: Der Kaiser hält sich wieder in Gossensaß auf;
1882: Ludwig Gröbner baut das erste Hotel;
1886: Gossensaß erhält eine elektrische Beleuchtungsanlage – den Aussagen der Einwohner zufolge die erste in Tirol;
1899: Erhebung zum Kurort;
1899: Die Kaltwasserheilanstalt Gudrunhaus wird gebaut;
1900: Bau des Grand Hotels wird begonnen (Fertigstellung 1904).

Wer Sterzing in Richtung Norden verläßt, wird unweigerlich in der Talenge Zoll zur Rechten den Turm von Straßberg erkennen. Dieses heute heruntergekommene mittelalterliche Juwel hat eine bewegte Geschichte, die es lohnt, kurz gestreift zu werden:

Am 8. Februar 1342 benutzte Kaiser Ludwig der Bayer den Brennerweg. Er peilte Meran an, um dort zugunsten seines Sohnes, des Markgrafen Ludwig von Brandenburg, die Scheidung zwischen Margarethe Maultasch und Johann von Böhmen zu erwirken. Der Tiroler Landeshauptmann Herzog Konrad von Teck stand dem Kaiser sehr nahe. Er ließ Volkmar von Burgstall im Nonsberg mit den zwei Söhnen gefangennehmen und nach Straßberg bringen, da Volkmar treuer Vasall Margarethens war. In Straßberg starb dieser nach einem Jahr eines natürlichen Todes – oder eines gewaltsamen, wie man noch lange munkelte.

Letzte Zeugen einer besseren Zeit in Gossensaß: Das Palast-Hotel, ehemals Ferienresidenz wohlsituierter Bürger aus ganz Europa, ist heute ziemlich dem Verfall preisgegeben.

Zu dieser Zeit war Straßberg bereits eine ansehnliche Burg. Sie war gut ausgestattet und beherbergte öfters viele Gäste. Seit Ende des 13. Jahrhunderts ist die Burg in Urkunden erwähnt. Diesen ist zu entnehmen, daß sie zuerst zur Kurie von Brixen gehörte. Viele der späteren Besitzer können genannt werden. Unter ihnen zum Beispiel Markgraf Karl von Burgau, die Fugger, Hofkanzler Freiherr von Hocher, dann Freiherr von Sternbach. Und heute – die Burg, eines der eindrucksvollsten Zeugnisse des südlichen Wipptals, ist weitgehend dem Verfall ausgesetzt.

Das eigentliche Gossensasser Hausschloß hieß Raspenstein. Leider sind davon nur mehr ein paar Steine übriggeblieben und die Erinnerung an eine Burg mit einem fatalen Schicksal: Auf den Grundmauern einer römischen Anlage ließ Graf Albert III. von Tirol um 1220 Raspenstein erbauen. Dadurch sollte seine politische Macht auch im Wipptal besonders betont werden, denn er war mit dem Brixnerischen Stift verfeindet. Von Raspenstein breitete sich eine üble und gefahrvolle Zeit aus, die nicht selten mit Raub und Mord der Passanten endete. Der Konflikt zwischen dem Grafen und dem Bischof nahm zu, und der geistliche Hirte behielt die Oberhand. In einem Vertrag zwischen Bischof Bertold von Brixen mit Albert vom Jahre 1221 verpflichtete sich der Graf, die neuerrichtete Burg Raspenstein, südöstlich von Gossensaß, auf einem Hügelrücken gelegen, zu schleifen. So hatte die Burg eine ungewöhnlich kurze Lebensdauer. Heute sind kaum noch Spuren zu erkennen. Beda Weber schrieb in sein Reisehandbuch:

> *Ober dem Dorfe steht links am Berge die Feste Raspenstein in schauerlichen Ruinen, von denen nur ein alter Turm noch erkenntlich über dem Schutte aufragt, ein Raubnest der mittleren Zeit, den Paß des Weges nach Willkür zu sperren und harmlose Wanderer auszuplündern. Daher bedeutet Raspenstein soviel als Raubenstein, vom Zeitworte raspen, welches in Tirol raffen oder scharren bedeutet.*

Der fromme Streiter Gottes Weber dürfte sich hier zweimal verkalkuliert haben. Einmal ist es kaum anzunehmen, daß zu seiner Zeit – publiziert wurde dieser Text in seinem Buch „Das Land Tirol im Jahre 1838" – noch ein Turm von Raspenstein erhalten dastand, zum anderen ist das Wort Raspenstein schon eher von „rauhem Gestein" herzuleiten. Überhaupt ist dieser Name voller Phantasie, wie sie in und um Gossensaß einmal weit verbreitet war.

Adolf Pichler erzählt im „Schmied von Gossensaß" die Sage von dem alten Bauern, der seinen Sohn in die Waffenschmiede schickt. Dort trifft er auf einen Zwerg, der ihn verzaubert, so daß der Knabe immer an die Bergwelt gefesselt bleibt.

Die Sage vom Schloß Straßberg weiß von einem alten Brunnen zu berichten, der vor dem Tore steht. In der Christnacht, wenn der Mond seine hellsten Silberstrahlen über die Berge schickt und die Natur in ihrer tiefsten Stille ruht, da steht in weißem Gewande eine Frau mit verhärmten Zügen am Brunnen und wascht Windeln. Tritt jemand zu dieser Stunde zur Frau und richtet das rechte Wort an sie, dann führt sie ihn in den Schloßturm, in dem ein feuriger Hund mit Schlüsseln im Maul wacht. Mit Gewalt müssen dem Vierbeiner die Schlüssel entrissen werden, denn dann verschwindet er. Die Frau führt dann den Retter zu Truhen, bis zum Rand gefüllt mit Gold und Silber. Sie selbst findet schließlich durch die Erlösung Ruhe und Frieden.

Eine weitere bekannte Sage von Joseph Viktor von Scheffel lautet:

> *Und es war Abend geworden, so kam ich an ein Dörflein, heißt Gothensaß oder Gloggensachsen, so aus den Zeiten Herrn Dietrichs von Bern dort inmitten alter Lärchenwälder wie im Versteck steht. Am Rücken des Berges gelehnt war zu äußerst ein burgartig Haus, davor lagen viel Eisenschlacken und sprühte ein Feuer drinnen und ward stark gehämmert. Da rief ich den Schmied herfür, daß er mein Roß beschlage, und wie sich niemand rührte, tat ich einen Lanzenstoß nach der Tür, daß sie sperrweit auffuhr, und tat dazu einen starken Fluch mit Mord und Brand und allem Bösen: so stund plötzlich ein Mann vor mir mit zottigem Haar und schwarzem Schurzfell, und war ich sein kaum ansichtig, so war auch schon meine Lanze niedergeschlagen, daß sie zersplitterte wie sprödes Glas und eine Eisenstange über meinem Haupt geschwungen, und an des Mannes nackten Armen so drangen Sehnen herfür, als könnt' er einen Amboß sechzehn Klafter tief in die Erde heineinschmettern.*

Sage und Dichtung haben in Gossensaß Tradition. Viele haben hier sinniert, erzählt und niedergeschrieben. Adolf Pichler, Simrock und Scheffel, und vieles dreht sich um den Schmied. Tatsächlich soll schon um 1305 in Gossensaß ein Schmied gelebt und gearbeitet haben. Wo der erste Schmiedhof stand, ist heute nicht mehr bekannt. Bei der alten Wolfenburg, an der Stelle, wo die Staatsstraße über den Eisack verläuft, heißt der Ort noch Wieland-Schmiede. Es war der Schmied Wieland, der in vielen Erzählungen auftritt, wie eben auch in Scheffels sagenhafter Schilderung, der die berühmte Sage von Wieland dem Schmied nach Gossensaß verlegte.

Landschaft und Menschen, der rege Reiseverkehr und nicht zuletzt die gemütlichen Raststätten des Ortes scheinen ehemals eine besondere Kraft der Inspiration auf die Denker und Schreiber ausgeübt zu haben. Sterzing besaß früher einmal das Gastungsmonopol, obwohl in Gossensaß mehr Gaststätten waren, als es der zunehmende Reiseverkehr verlangt hätte. Wirte schenkten oft heimlich auf, und zwischen den beiden Ortschaften kam es zu Streitig-

Dichte Nebelschwaden über dem südlichen Wipptal.

keiten, so daß nicht selten der Landrichter einschreiten mußte. Solche Querelen hielten an, bis Sterzing sein Monopol verlor – an der Brennerstraße konnten willkürlich Trank und Speise verkauft werden, zum Wohl der Gäste und auch der Einheimischen und auf die Gesundheit aller, die sich am Ort erfreuten.

Goethe erhält in Sterzing kein Nachtquartier

Schon lange hegte der große deutsche Dichter, einflußreiche Politiker und Naturforscher den Wunsch, einmal Italien zu sehen, seine abwechslungsreiche Landschaft mit den mannigfaltigen Menschentypen zu erleben und kennenzulernen. Das Leben im deutschen Lande – die berufliche Hektik und seine gesellschaftlichen Verpflichtungen – war ihm unerträglich. Die Reise nach Italien konnte nicht länger aufgeschoben werden: Heimlich, ohne zu zögern brach Goethe am 3. September 1786, um drei Uhr morgens von Karlsbad auf. Er reiste inkognito, unter einem anderen Namen, niemand sollte ihn erkennen und ihn bei seinen Reiseerlebnissen unnötig belästigen.

In den warmen Süden zog es ihn, zu den vielen Kunststätten und Kunstgegenständen, aber immer auf der Suche nach neuen interessanten Menschen in einer fremden Landschaft. Die Wetterverhältnisse, fremde Pflanzen- und Gesteinsarten, Geschichte und Gegenwart des italienischen Volkes und sein Charakter wurden ihm auf der langen Reise die wichtigsten Gegenstände, die er in seinem Tagebuch unaufhörlich beschrieb.

Goethe reiste als Fremder durch ein Land, das er bald zu lieben wußte und das ihm neue Schaffenskraft und tieferen Lebensmut gab. Auf den langen Reiseetappen trug der Dichter in seiner Kutsche jene Eindrücke und Begegnungen, die er Tage zuvor erfahren durfte, ein. Goethes Tagebuchnotizen sind ein hilfreicher Reiseführer; sie gehören zu den packendsten Reiseschilderungen jenes klassischen bürgerlichen Zeitalters: subjektiv gehalten, oft nichts beschönigend, sondern recht eigenwillig, offen und ehrlich. Freilich, erst hundert Jahre später wurden sie veröffentlicht. Drei Jahrzehnte nach der Reise in den Süden gab Goethe die Italienische Reise in zwei Teilen in Druck, worin im nüchternen Stil die wichtigsten Impressionen enthalten sind. Viele Italienfreunde halten sich deshalb lieber an die spontanen Tagebuchnotizen, die unmittelbar auf der Reise schriftlich festgehalten wurden.

Das Anfangsstück des Tagebuches behandelt die erste Route: die Wegstrecke von Karlsbad bis zum Brenner zwischen dem 3. und 8. September 1786. Die Kutsche führt ihn zunächst in der Nacht durch das Egerland weiter nach Bayern, unzählige Dörfer, bekanntere und weniger bekannte, passiert er; schließlich erreicht er die Donau, dann gelangt er nach München, wo er eine Nacht verbringt. Weiter geht es den Bergen zu, die Alpen fallen dem Dichter in ihrem eigentümlichen Grau auf, zudem auch diese „sonderbaren, unregelmäßigen Formen" und – „seltsam" – diese Gipfel!

Goethe beschreibt im nachhinein sehr offen seine persönlichen Eindrücke über Tirol. Als erste Station erreicht er Seefeld, das Inntal gefällt allgemein; er zeichnet die Landschaft und denkt angesichts der Martinswand an Kaiser Maximilian, der dort einmal auf der Pirsch in äußerste Gefahr geraten sein soll. In Innsbruck kann er sich nicht länger aufhalten, obwohl er gerne möchte. Die Fahrt muß weitergehen, um rasch das eigentliche Reiseziel zu erreichen: Italien.

Und die Weiterfahrt von Innsbruck zum Brenner wird genossen; das nördliche Wipptal versetzt ihn ins Staunen, eine bisher ungekannte Seelenlandschaft eröffnet sich ihm: … „Es liegen Dörfgen, Häuser, Hütten, Kirchen alles weis angestrichen zwischen Feldern und Hecken auf der abhängenden hohen Fläche. Bald verengt sichs es wird Wiese, steil abfallendes Thal". Da die Reisezeit doch zu knapp bemessen ist und genauestens eingehalten werden muß,

Der Dichter Johann Wolfgang von Goethe durchreiste unter anderem auch das Wipptal. Von Karlsbad trieb ihn eine große Sehnsucht in den Süden, zu den eigentümlichen Schauplätzen des Lebens und der Kunst. Gleichsam in atemloser Eile strich er an den Wipptaler Hauptverkehrsadern vorbei, immer aber mit einem durchdringenden Blick auf Land und Leute.

kann der reisende Dichter das Tiroler Volk nicht näher kennenlernen. An einer Stelle im Tagebuch beschreibt er jedoch das Äußere der Bergmenschen und meint doch damit die Tiroler, insbesondere die Wipptaler:

Braune wohl geöffnete Augen und sehr gut gezeichnete schwarze Augbrauen bey den Weibern sind mir aufgefallen und dagegen blonde Augbrauen und breite bey den Männern. Die grünen Hüte geben zwischen den Bergen ein fröhlich Ansehn. Sie tragen sie geziert mit Bändern oder breiten Schärpen von Tafft mit Franzen die mit Nadeln gar zierlich aufgebefftet werden, auch hat jeder eine Blume oder eine Feder auf dem Hute. Dagegen tragen die Weiber weise, baumwollene, zotige, sehr weite Mützen, wie unförmliche Manns Nachtmützen, das ihnen ein ganz fremdes Ansehn giebt.

In Trient am 10. September um 8 Uhr abends angekommen, werden die Reiseimpressionen vom Brenner und den einzelnen Stationen der Wipptaler Route nachgetragen:
Am 9. September erreicht Goethe den Brennerpaß. Noch am Abend macht er sich ans Zeichnen des dortigen Posthauses, aber das Werk will und will nicht gelingen, also gibt er es auf und läßt mißmutig die winzige Ortschaft hinter sich. Goethe hatte eigentlich beabsichtigt, dort zu übernachten. Aber der Wirt rät ihm zur Weiterreise, da er am nächsten Morgen die Pferde dringend zum Einfahren des Grummets benötigt. Der Dichter genießt weiterhin von der Kutsche aus den angenehmen Abend bei wohligem, kühlem Rauschen des Eisacks – im Tagebuch ist irrtümlicherweise von der Etsch die Rede –, während der Kutscher auf seinem Bock seelenruhig einnickt.

Bunte Trachtenschau.

Die Kutsche erreicht um 9 Uhr abends das Fuggerstädtchen; müde und abgespannt will der Dichter dort verweilen, enttäuscht muß er weiterziehen, gen Süden, denn „... man gab mir zu verstehen, daß man mich gleich wieder weg wünschte".
Goethe verliert kein einziges Wort mehr über Sterzing und seine unerklärliche Erfahrung, die er hier gemacht hatte. Er passiert gegen Mitternacht Mittewald, als alles bereits in tiefem Schlaf liegt, um halb 3 Uhr morgens fährt er an Brixen vorbei und weiter nach Kollmann, wo er erst Rast einlegt. Das südliche Wipptal mag ihm, sei es wegen der nächtlichen Stunden, sei es aber auch wegen der mangelnden Gastfreundschaft der Wirte, wohl mißfallen haben.

Über grüne Hosenträger und weiße Hemden bei Heinrich Heine

Heinrich Heines Reiseschilderung durch das Wipptal ist vor dem Hintergrund der Erhebung von 1809 zu lesen. Und hier scheiden sich bereits die Geister: Während der Großteil der Tiroler reaktionär eingestellt war und durch die Erhebung gegen die Bayern, Franzosen und Sachsen die Rückkehr zum Status quo ante suchte, also den Zustand vor 1806 herbeisehnte, tendierte der Freigeist Heine für einen neuen Staat, für mehr Freiheit der Arbeiter und Bauern,

Wipptaler Musikantentreffen.

gegen die Vorherrschaft der alten Monarchen, für einen politisch mündigen Bürger. Und gerade das traf er im Wipptal nicht an, und so konnte sein Urteil über den Menschenschlag nur lauten: „Die Tiroler sind schön, heiter, ehrlich, brav und von unergründlicher Geistesbeschränktheit. Sie sind eine gesunde Menschenrasse, vielleicht weil sie zu dumm sind, um krank sein zu können."

Heine fand im Wipptal keine gute Witterung vor. Er bewundert die Landschaft, doch: „Tirol ist sehr schön, aber die schönsten Landschaften können uns nicht entzücken, bei trüber Witterung und ähnlicher Gemütsstimmung". Eben dieser inneren trüben Empfindung ist es ferner zuzuschreiben, daß seine kritischen Bemerkungen kein Ende nehmen, wenngleich er mit den Tirolern empfindet, die bekanntlich nach der Treue zu Österreich während des Interregnums in Tirol zwischen 1806–1814 zum Kaiserhaus gestanden hatten, dann aber doch von Wien sichtlich im Stich gelassen wurden, so daß die harterkämpfte Rückkehr zu Österreich einer Enttäuschung gleichkam, denn viele der alten Freiheiten waren dahin. Und Heine dazu: „Tröstet euch, arme Schelme! Ihr seid nicht die einzigen, denen etwas versprochen worden."
So ist Heines Betrachtung eine von innerer Melancholie beeinflußte, aber durchaus ehrliche Bemerkung. Aber lassen wir den Dichter mit den zwei Seelen in seiner Brust selbst ausführlicher zu Wort kommen:

Auch eine edle Rasse möchte ich sie (die Tiroler) nennen, weil sie sich in ihren Nahrungsmitteln sehr wählig und in ihren Gewöhnungen sehr reinlich zeigen; nur fehlt ihnen ganz und gar das Gefühl von der Würde der Persönlichkeit. Der Tiroler hat eine Sorte von lächelndem humoristischem Servilismus, der fast eine ironische Färbung trägt, aber doch grundehrlich gemeint ist. Die Frauenzimmer in Tirol begrüßen dich so zuvorkommend freundlich, die Männer drücken dir so derb die Hand, und gebärden sich dabei so putzig herzlich, daß du fast glauben solltest, sie behandelten dich wie einen nahen Verwandten, wenigstens wie ihres gleichen; aber weit gefehlt, sie verlieren dabei nie aus dem Gedächtnis, daß sie nur gemeine Leute sind, und daß du ein vornehmer Herr bist, der es gewiß gern sieht, wenn gemeine Leute ohne Blödigkeit sich zu ihm herauflassen. Und darin haben sie einen naturrichtigen Instinkt; die starrsten Aristokraten sind froh, wenn sie Gelegenheit finden zur Herablassung, denn dadurch eben fühlen sie, wie hoch sie gestellt sind. Zu Hause üben die Tiroler diesen Servilismus gratis, in der Fremde suchen sie auch noch dadurch zu lukrieren. Sie geben ihre Persönlichkeit Preis, ihre Nationalität. Diese bunten Deckenverkäufer, diese muntern Tiroler Bua, die wir in ihrem Nationalkostüm herumwandern sehen, lassen gern ein Späßchen mit sich treiben, aber du mußt ihnen auch etwas abkaufen.

Die schlechte Witterung gestattete es Heine nur hin und wieder, den Kopf zum Wagenfenster hinauszurecken. Dann beeindrucken ihn die Berge, die erhaben und etwas schauerlich ihm ins Gesicht schauen, als wollten sie ihn warnen, den Tirolern ein Leid zuzufügen und über sie schlecht zu reden. Heines Eindruck ist dabei nur, als wollten ihm die Berge mit den ungeheuern Häuptern und langen Wolkenbärten eine glückliche Reise zunicken. Er vernimmt überall Wildbäche, die wohl wegen des anhaltenden Schlechtwetters mehr Wasser führen als sonst. Und die Menschen ziehen sich in solchen Stunden in ihre Häuser zurück; um mit Heine zu reden, in ihre

niedlichen, netten Häuschen, die über der Halde, an den schroffsten Abhängen und bis auf die Bergspitzen zerstreut liegen; niedliche, nette Häuschen, gewöhnlich mit einer langen, balkonartigen Galerie, und diese wieder mit Wäsche, Heiligenbildchen, Blumentöpfen und Mädchengesichtern ausgeschmückt. Auch hübsch bemalt sind diese Häuschen, meistens weiß und grün, als trügen sie ebenfalls die Tiroler Landestracht, grüne Hosenträger über dem weißen Hemde. Wenn ich solche Häuschen im einsamen Regen liegen sah, wollte mein Herz oft aussteigen und zu den Menschen gehen, die gewiß trocken und vergnügt da drinnen saßen. Da drinnen, dacht ich, muß sichs recht lieb und innig leben lassen, und die alte Großmutter erzählt gewiß die heimlichsten Geschichten. Während der Wagen unerbittlich vorbeifuhr, schaut ich noch oft zurück, um die bläulichen Rauchsäulen aus den kleinen Schornsteinen steigen zu sehen, und es regnete dann immer stärker, außer mir und in mir, daß mir fast die Tropfen aus den Augen herauskamen.
Oft hob sich auch mein Herz, und trotz dem schlechten Wetter klomm es zu den Leuten, die ganz oben auf den Bergen wohnen, und vielleicht kaum einmal im Leben herabkommen, und wenig erfahren von dem, was hier unten geschieht.

Heinrich Heine besaß genug Lebenserfahrung, und als einer der begnadetesten deutschen Dichter, aber exiliert, verfemt und verfolgt, kannte er die Welt mehr von ihrer rauhen als heiteren Seite. So flüchtete er in die Ironie und konnte über das traurigste Kapitel der Menschheit noch einen Scherz zur persönlichen Überwindung machen.

Hierin bewunderte er die Wipptaler, die hoch oben unter der Baumgrenze ihre eigene Welt lebten und in gewissem Sinne niemandes Untertan waren. Hierin liegt eine kleine Lebensphilosophie, die mehr Weisheit und Zufriedenheit vermittelt als jedes Dabeisein in der Hektik der Zeit. Solche Menschen, die nach Heine „ganz oben auf den Bergen wohnen, sind deshalb um nichts minder fromm und glücklich".

In Sterzing kehrte Heine in der „Krone" ein. Man schrieb das Jahr 1828. Damals war der traditionsreiche Gasthof noch nicht im Besitz der Familie Seeber – Peter Seeber ehelichte die Wirtstochter Maria Stafler und erwarb 1850 die „Krone". Heines Wunsch, so schnell wie möglich dem Süden näherzukommen, mag der Grund gewesen sein, daß er sich nicht länger im Wipptal aufhielt.

Zum Wipptaler Brauchtum gehört die Palmstange. Diese bunten Buschen werden am Palmsonntag an vielen Orten von eifrigen Burschen zur Weihe in die Kirche getragen. Viele wetteifern um den Robler, die längste Palmstange. Die vielfältig verzierten Stangen, die farbenfrohen Maschen und Papierstreifen, der Buschen an der Spitze, zusammengestellt aus zahlreichen heilbringenden Kräutern und Zweigen – wie Eibe, Buchsbaum, Wachholder, Palmkätzchen, Preiselbeeren, Haselsträucher und natürlich die Olivenzweige – lassen den Palmsonntag als den fröhlichsten Feiertag in der Fastenwoche erscheinen. Und die bunte Stangenpracht ziert für einen Augenblick die graue Kirchenfassade und für ein paar Tage die Gartenzäune.

Brauchtum und Sagenwelt – lebendiges Zeugnis der Vergangenheit

Historische Darstellung der Gegend südlich von Sterzing mit Stilfes im Hintergrund. Die beiden Burgen – Sprechenstein zur Linken und Reifenstein zur Rechten – überwachten die deutlich erkennbare Sumpfebene.

Es ist hier nicht der Platz, den Wipptaler Brauch im Jahreslauf nachzuvollziehen. Der Heimatforscher Friedrich Haider hat ein verdienstvolles Buch mit dem Titel „Tiroler Brauch im Jahreslauf" verfaßt, in dem er versunkenen Traditionen und noch lebendigen Gepflogenheiten des Volkes nachspürt und in dem das Wipptal als Tiroler Tal eine zentrale Bedeutung einnimmt. Es ist ein Buch, das man gelesen haben muß, das eigentlich in das Bücherregal jeder Familie gehört. Bei der Durchsicht der Ortschaften des Wipptales wird im Grunde mit großem Bedauern bewußt, wieviel von der starken Ausdruckskraft der Volkskultur der modernen Zeit weichen mußte und muß. Es scheint ein fataler Entwicklungsprozeß im Gang zu sein, der dem Volk die eigentliche Lebenskraft, seine Substanz raubt. Und dennoch müssen wir froh sein, daß sich zumindest noch einige wenige Brauchtümer erhalten haben und daß diese in letzter Zeit wieder mit mehr Bedacht und Respekt gepflegt werden.

Redet der südliche Wipptaler von Brauchtum, dann fällt ihm alsbald der Palmsonntag mit der Weihe der Palmstangen ein. Es ist unter den Jugendlichen bis etwa zum 14. Lebensjahr zu einem Wettbewerb gekommen, denn wer die längste Stange mit dem schmucken Palmbusch trägt, ist an diesem Tage der Erste im Dorf – seine Palmstange ist der „Robler". Dieser Brauch

Trachtenschau. Wiesner Mädel und Burschen vor der eindrucksvollen Kulisse von Schloß Moos, aufgenommen etwa um das Jahr 1930.

hat sich gottlob erhalten, und zwar nicht nur in vielen Orten des gesamten Wipptales. Ähnliches findet sich auch im süddeutschen Raum.

Die Giglberger über dem Schelleberg bei Gossensaß – so war es einmal Brauch – liefen nach der Palmweihe eiligst heim; denn wer zuletzt zu Hause war, der hatte den „Pfingstzoll", der, so hieß es, werde auch bei der Ernte der letzte sein. Die Palmzweige sind Zeichen der Gottesverehrung: Die gesegneten Zweige schützen vor Unglück und Unwetter. Im Jahreslauf werden die Zweige im Herrgottswinkel an das Kruzifix gesteckt. Bricht ein Unwetter herein, dann werden einige Zweige schleunigst herbeigeholt und im Herd oder auf der Herdplatte verbrannt, dazu ein Gebet gesprochen.

Im südlichen Wipptal trifft man besonders in Sterzing, Wiesen und Ridnaun schöne Palmstangen an: die Buschen, zusammengestellt aus heilbringenden Kräutern, Buchsbaum, Eibe, Wacholder, Palmkätzchen, Preiselbeerzweigen, Haselsträucher und die angekauften Olivenzweige aus südlichen Ländern. In St. Jakob und Kematen in Pfitsch, in jenem Tal, in dem man mancherorts im Winter für einige Zeit keine Sonne sieht – in Hinterpfitsch bis Dreikönig – erzählen sich die Alten von jenen Tagen, als sie als kräftige Jugendliche hohe, geschmückte Stangen zur Kirche trugen und nach Messe und Segnung eine ansehnliche Jause erhielten.

Zu Lichtmeß, so hieß es in Tirol, beginnt das eigentliche Arbeitsjahr für den Bauern. Früher achtete man viel mehr auf die Witterung, hing doch von ihr die Existenz der bäuerlichen Familie ab. Der 2. Februar war ein entscheidender Lostag. Das Fest setzte im 6. Jahrhundert ein – die Darbringung Jesu im Tempel wurde gefeiert. Der Name rührt von der Kerzenweihe her. Zu Lichtmeß begann auf den Höfen das Schlenggeln: Knechte und Mägde wechselten ihre Dienststelle. Zum Abschied gab es reichlich zum Essen. Früher traf es häufig zu, daß der Bauer den Lohn nur einmal im Jahr auszahlte: zu Lichtmeß.

Viele Prozessionen gibt es nicht mehr, auch nicht die zu Ehren der Heiligen Fabian und Sebastian, als in Sterzing am 20. Januar einmal eine große feierliche Prozession stattfand. Fabian und Sebastian schützen vor ansteckenden Krankheiten, vor allem gegen Grippeviren und Entzündungen.

Im 19. Jahrhundert wurde in Sterzing die Karfreitagsprozession, ausgehend vom Rathaus bis zur Pfarrkirche, abgehalten. „Adam" und der „Teufel" waren dabei. Ersterer ließ sich auf dem gesamten Weg geißeln, um seinen Bußwillen zu zeigen. Der Teufel hatte die Aufgabe, ihn zu bestrafen. Einmal soll der Satan derart auf Adam eingeschlagen haben – beide waren wohl miteinander verfeindet –, daß es regelrecht zu einer Schlägerei kam, wobei der Teufel sogar schwer verletzt worden sein soll.

Der Brauch vom Nikolausumzug mit seinem Gefolge, den Krampussen, hat in den letzten Jahren in Sterzing einen großen Zulauf erfahren. Allerdings nicht zu Ehren des Heiligen, sondern vielmehr zur Abschreckung des Bösen.

Das Schellen- und Schemenschlagen war einst in Steinach und Matrei ein Begriff. Dieser Fastnachtsbrauch ist im Aussterben begriffen. Dafür wird heute in unregelmäßigen Abständen mancherorts ein Faschingsumzug improvisiert.

In der Karwoche gestalten die Kapuziner in Sterzing in ihrer Kirche nach altem Brauch das Heiliggrab – ähnliches geschieht auch in den anderen Kapuzinerstiftungen.

Die Kapuziner, ein Zweig des Franziskanerordens, gegründet im 16. Jahrhundert, sind seit langem ein Teil von Sterzing. Die frommen Brüder mit ihren langen Kutten errichteten schon 1625 in Sterzing eine Zwischenstation – eine Jausenstation auf dem Weg nach Innsbruck. Sie sollten zuerst im Jöchlsthurn einziehen. Nach aufgetretenen Schwierigkeiten schenkte ihnen schließlich Hans Jakob von Söll zu Neuhausen seinen Besitz: ein Haus mit Stadel neben der Margarethenkirche. Das Haus wurde neu gebaut, ein Innenhof angelegt und durch einen Kreuzgang erweitert, von dort führte ein Gang in die St.-Margarethen-Kirche. 1680/81 entstand anstelle der alten die heutige Kirche. Im Laufe der Jahre erhielt der Orden ständig neuen

*Fröhliches Treiben auf den Wipptaler Straßen.
Faschingsumzüge haben in Gossensaß Tradition,
und jung und alt wirkt aktiv mit.*

Zulauf, so daß das Kloster in Sterzing oft zu klein war. Erst vor einigen Jahren, zwischen 1959 und 1962 wurde das Kloster völlig saniert, und 1968 wurde die Klosterschule aufgelassen. Heute ist das Haus ein Hospiz für nur mehr wenige Ordensleute.

Im Wipptal gibt es viele Hochzeitsbräuche. Besonders aktiv werden dabei die ledigen Burschen. In der Hochzeitsnacht stimmen vermummte Burschen Strophen des „Faulen-Weib-Liedes" an: Die Sänger trommeln auf ein Faß, sie führen eine Laterne mit sich – vor allem in Gossensaß, Gasteig und Pfitsch – und Zeichnungen, die an das frühere Leben der Eheleute erinnern. In manch anderem Tal, vor allem im Ratschingser Tal, erhalten die jungen Burschen – heute sind es meist alle geladenen Erwachsenen – im Haus der Braut den Hochzeitsschnaps. In der Sterzinger Gegend ist es inzwischen üblich geworden, Verwandte und Freunde mit dem Hochzeitsschnaps zur Hochzeit zu laden. In Mareit war es Brauch, daß der Tischler die Möbel der jungen Eheleute im Haus der Braut herstellte. Nach Fertigstellung kam es zur Brautkastenführung: Ein mit Rossen bespannter Wagen oder Schlitten führte das gesamte Inventar, dazu gehörten zumindest Kommode, Stehkästen, zwei Bettstätten, Stühle, Tische und ein Holzkoffer mit Bettgewändern und Leintüchern. Hinter der Fuhre ging das Brautpaar. Fuhre und Begleitung mußten mehrmals den sogenannten Zaun passieren, dies bedeutete, der zukünftige Gatte muß entweder mit Speise und Trank oder mit Geld den Weg freikaufen. Ein besonderer Höhepunkt während des Hochzeitsgelages – geheiratet wurde stets sehr früh, im Winter um sechs, im Sommer um sieben Uhr – war das Zeremoniell mit einem beinahe lebensgroßen holzgezimmerten Esel. Dazu schreibt Haider:

> *Dann geht die Stubentür auf und ein merkwürdiger Zug drängt sich herein. Voran tänzelt ein Bursche mit einem Pfannholz. Dann ziehen zwei Burschen einen rohgezimmerten, hölzernen Esel auf Rädern. Der Esel hat fast Lebensgröße und einen Strohschweif. Er zeigt sich sehr widerspenstig, schreit erbärmlich und wird von anderen Burschen immer wieder zurückgezogen. Auf dem Esel sitzt einer, der eine Pfanne vor sich in der Hand hält und mit einem Kochlöffel fleißig darin rührt. Und was rührt er? Das sind ja lauter kleine Stoffpuppen. Hinter dem Zug treibt einer mit der Geißel den Esel an, und zuletzt sehen wir einen, der sich wie ein Spaßmacher ausnimmt. Der Zug begibt sich vor das Brautpaar. Der auf dem Esel Sitzende reicht der Braut unter beständigem Umrühren die Pfanne hin und die tappt nach den Puppen. Rasch zwar hat der Pfannträger die Pfanne zurückgerissen, doch die Braut war schneller, schon hat sie eine Puppe erwischt. Diesem Puppenhaschen wird mehrfache Bedeutung beigemessen. Erwischt die Braut keine der Puppen, so ist es um den Nachwuchs schlecht bestellt. Ertappt sie dagegen mehrere auf einmal, so gibt es Zwillinge oder gar Drillinge. Allgemein heißt es, soviel Poppelen, soviel Kinder. Auch das Geschlecht der Kinder wird gleich mitbestimmt. Die Puppen sind durch rote und blaue Tuchfetzen gekennzeichnet. Rote Stoffstücke bedeuten Mädchen, blaue Buben. Die ganze Gesellschaft wird zu einem Trunk geladen und verläßt lärmend das Haus. Unter der Tür noch reißt der Spaßmacher dem Esel den Strohschwanz aus und überkugelt sich dabei, zur Erheiterung aller.*

Heute gehört so mancher Hochzeitsbrauch der Vergangenheit an. Früher legte man schon auf die Jahreszeit einen besonderen Wert. Viele Hochzeiten fielen so in die Zeit der Fastnacht.

Regen fällt auf den Moortümpel. Das Sterzinger Moos ist an Tagen wie diesem voller Geheimnisse, und es kursiert die Sage von den alten ledigen Weibern, die immer noch nach einem Mann Ausschau halten.

Hochzeiten bedeuteten früher noch viel mehr als heute den Beginn des wichtigsten Lebensabschnittes: Ein verheirateter Mann war mit seiner Familie in seiner dörflichen Gemeinschaft voll anerkannt.
Das Wipptal ist reich an Sagen, in denen das Pfeifer Huisele eine zentrale Stellung einnimmt. Vor allem Hermann Holzmann ist den Spuren des Hexenmeisters gefolgt. Seine „Wipptaler Heimatsagen" sind eine Bereicherung für die Volkskultur dieses Landes. Der Brixner Heimatforscher Hans Fink hat dann die Sagenwelt dieses Tales weiter erforscht und so manche Ergänzungen hinzugefügt. Es ist hier nicht der Platz, allein nur auf die Sagenwelt des südlichen Wipptales einzugehen. Dafür soll aber zumindest vom Huisele weiter unten die Rede sein und mit ein paar Worten das Ziroger Mandl erwähnt werden: Auf der Ziroger Alm in der Brennergegend trieb einst das Ziroger Mandl, ein Almgeist besonderer Phantasie, sein Unwesen. Das kleine, bucklige Männlein hielt es vor allem mit den Bauern. Sie konnten es einfach nicht ertragen, wenn er aus ihren Bottichen die Milch austrank. Besonders fürchteten sie sich vor ihm, wenn er sich zwischendurch in einen Riesen verwandelte. Das Ziroger Mandl bedrohte mitunter auch die Fuhrleute auf der alten Straße, er wollte sie unter Steinblöcken begraben. Ein Sterzinger Kapuziner, so war weitum bekannt, hatte dereinst den Bösewicht auf die Ziroger Alm hinauf verbannt. Am Hühnerspiel mußte er seine harte Strafe verbüßen;

ähnlich dem unglücklichen Sisyphus mußte er unaufhörlich Felsblöcke bergauf rollen, die ihm am Gipfel dann wieder entglitten und mit großer Wucht zu Tal stürzten.
Nicht übergangen werden darf das Sterzinger Moos. Wo heute der fruchtbare Boden das Herz des Bauern erfreut und höchstens ganz in der Nähe des Gasthofes Burgfrieden eine ehemals sumpfige Gegend vermutet werden kann, soll sich einst ein großer See ausgebreitet haben, der später in ein Sumpfgebiet überging – das Moos. Der Mareiter und Pfitscher Bach schütteten das Becken auf.
Der „Löwenwirt" in Elzenbaum bewahrt behutsam eine Schützenscheibe auf – jene Scheibe, die von der Sage über das Sterzinger Moos erzählt. Die ledigen Altweiber wurden, so will es die Überlieferung, in das Moos gefahren. Die alten Jungfern sollten hier elendiglich dahinsiechen, eben weil sie keinen Gatten gefunden hatten oder weil ihnen keiner genug gewesen war. Fuhrknechten und jungen Fuhrleuten überkam das Schaudern, wenn sie über den Knüppeldamm fuhren. Die Jungfern im Moos wurden rebellisch, reckten und streckten sich, und ihrem wehleidigen Klagen konnte kaum widerstanden werden. Sie suchten mit aller Kraft einen Jüngling zu erfassen und zu sich ins Moos zu zerren. Auf das schauerliche Gewinsel dieser alten Weiber, die zahnlos, mit schütterem Haar und welken Schenkeln waren, die Brust aus Haut und Bein und das Gesicht voller Klüfte und Narben, auf ihr wehleidiges Gejammer fiel der eine oder andere Jüngling herein, so daß seine Kunde über die Erfahrung im Moos so mancher jungen Dirn das Schaudern über den Rücken jagte.
Die Volkssage berichtet über diese Gegend zudem, daß bis vor Ausbruch des Pfitscher Baches hier eine Stadt in Blüte gestanden habe, die der tobende Wildbach mitriß und mit

Geranienpracht auf vielen hölzernen Balkonen des Ridnauntales. Die Menschen stehen hier besonders im Einklang mit der Natur.

Die Bäuerin von Rust über Gasteig hängt die Mohnkapseln in der Tenne in regengeschützter Lage zum Trocknen auf.

seinem Geröll überschüttete. Vor der Trockenlegung, 1875–1877, diente diese Landschaft als beliebtes Jagdrevier für Wasser- und Sumpfvögel, zudem als Biotop mit seltenen Insekten und Sumpfflora für Botaniker.

Aus dem alten magischen Kultglauben der ledigen Jungfern im Sterzinger Moos entwickelte sich das Luststück der Moosfahrt, das gerade zur Fastnachtszeit allgemein erheiterte. Die Sage über das Moos, Schauer- und Spukmärchen erfuhren eine heitere, satirische Überarbeitung. Und auch die Altweibermühle kann indirekt in diesen Zusammenhang gereiht werden: junge Mädchen, kleine Schönheiten mahlt die Mühle von besonderer Art – aus dem alten Weib wird eine stattliche verführerische Frau.

Die Mär vom Tiroler Hexer Mathäus Pfeifer vulgo Pfeifer Huisele

Wie kommt es, daß eine geschichtliche Person, ein Mensch, der wirklich gelebt hat, im frommen Wipptal zu einem Hexer, einem Hexenmeister, einem Verbündeten des Bösen werden kann? Schon dieser Frage lastet allerhand abergläubische Überzeugungstendenz an – sie müßte anders lauten: Wie verhielten sich die Menschen des 17. Jahrhunderts in Tirol gegenüber einem Landsmann, der über einige, wenn auch nur geringe telekinetische Fähigkeiten verfügte, der ein Sonderling, ein Außenseiter war, der sich lieber mit dem Erzählen teuflischer Geschichten sein Abendbrot verdiente, denn als Knecht oder Taglöhner? – Dazu ein Abstecher in die Historie der Hexenprozesse, in jene Zeit des totalen menschlichen Wahns, dem auch heute noch, aus distanzierter Sicht, kein Verständnis entgegengebracht werden kann. In einem Bußbuch aus der Zeit knapp nach der Jahrtausendwende steht die Beichtfrage, die damals schon erahnen ließ, daß ein Gewitter des Aberglaubens im Abendland bevorstand:

> *Hast du geglaubt, daß es eine Frau gebe, die machen könne, was einige, vom Teufel getäuscht, versichern, notwendigerweise und auf Befehl tun zu müssen? Sie müßten nämlich in bestimmten Nächten auf gewissen Tieren reiten mit der Schar der Dämonen, die in die Gestalt von Frauen verwandelt sind, die das dumme Volk Hexe Holda nennt, und sie gehörten zu ihrer Gemeinschaft. Wenn du an diesem Irrglauben beteiligt warst, sollst du ein Jahr lang an den festgesetzten Zeiten Buße tun.*

Soweit die Beichtfrage aus dem Bußbuch. Solche nächtliche Ausschweifungen wurden später zum Hexensabbath mit Teufelsanbetung umfunktioniert. Der Hexenwahn entflammte dann zu Beginn der Neuzeit, denn das angeblich dunkle Mittelalter brachte viel mehr Verständnis auf als die kurz vor der Aufklärung stehende Epoche. Insgesamt fielen diesem absurden Aberglauben über hunderttausend unschuldiger Menschen, zumeist Frauen, zum Opfer. Eines unter ihnen stammte aus dem Wipptal, oder sollte zumindest aus dem hintersten Flading im Ratschingstal gekommen sein. Es wäre auch möglich, daß er in Schwaz oder in dieser Gegend geboren wurde; denn sein Zeitgenosse, ebenso ein Hexenmeister, der Lauterfresser, sagte bei einem seiner Prozesse aus, er habe sich mit dem Pfeifer Huisele aus Schwaz getroffen. Sicher ist auf jeden Fall, daß das Huisele die meiste Zeit seines Lebens im Wipptal verbrachte, daß er in den Tälern um Sterzing, vornehmlich den westlichen, vor allem im Jaufental, Ratschingstal, Ridnauntal, in der Gegend um Mareit seit seinem Tode ein

Die Heuschober sind selten geworden, auch im Wipptal. In Reih und Glied stehen sie am Dorfausgang von St. Kathrein im Navistal.

schauerliches Andenken beim Volk hinterließ. Sicher ist zudem, daß er zur Zeit der großen Verfolgungen lebte, in der jedermann an Hexen und Hexer glaubte, niemand aber selbst einer von ihnen sein wollte. Den sagenhaften Überlieferungen zufolge soll das Huisele hier nicht so penibel gewesen sein, sondern im Gegenteil besonders betont haben, daß er mit dem Teufel im Bunde stehe. Dies scheint seine Notlage zu unterstreichen: Hätte er darauf nicht besonderen Wert gelegt, wäre er von seinen Landsleuten erst gar nicht ernstgenommen worden.

Die Sage macht dann vor nichts mehr halt. Der Phantasie des Menschen sind bekanntlich keine Grenzen gesetzt, und nichts hört er lieber als phantastische Geschichten, die mit überirdischen Kräften zu tun haben, die Antwort auf Fragen geben, die mit dem Verstand allein nicht zu erklären sind. Der Aberglaube nimmt in dem Maß zu, wie der Glaube abnimmt. War es früher die Großmutter, die an langen, frostigen Winterabenden den Enkeln den furchtbaren Lebensweg Huiseles erzählte, bis jedermann im Rauschen der Winde und im hellen Blitz des Gewitters die Stimme des Hexenmeisters aus der Unterwelt zu hören glaubte, so sind es heute esoterische Bücher und Filme, die unzählige Menschen verzaubern.

Der Sagenforscher Hermann Holzmann hat alles zusammengetragen und aufgezeichnet, was über Pfeifer Huisele in der „Erinnerung" des Volkes kursierte. Die angeblichen Erlebnisse dieses Tiroler Fausts lesen sich in der Tat wie ein spannender Roman aus einer besonderen Zeit, zuletzt siegt das Gute, das Böse unterliegt. Wie kann es auch gutgehen, sich mit dem Teufel zu verbinden, das hat noch jedem ein schlimmes Ende bereitet. Auch Goethes Faust wird in die Hölle geholt, zuvor aber ward ihm jede irdische Freude zuteil – so auch

Zur vorangegangenen Doppelseite:
Erinnerung an eine bizarre Winterlandschaft
im Wipptaler Hochgebirge.

dem Pfeifer Huisele: Er verfügte über alle möglichen Verwandlungskünste; und jede Speise, die er wollte, sollte er erhalten; den Tieren konnte er befehlen, und sie gehorchten ihm; und wie es ihm gelüstete, fügte er den Menschen Schaden zu – ein deutliches Indiz, daß er den Menschen verhaßt war, wohl eben deshalb, weil er sich nicht in ihre Gemeinschaft integrierte.

Wie es sich für eine Sage um einen Hexenmeister geziemt, versucht der Verteufelte gegen Ende seines Lebens den Pakt zu annullieren, was natürlich nicht mehr gelingt, denn sonst hätte die Mär keinen erzieherischen Wert, und jedermann könnte sich zuerst auf etwas einlassen, was ihm viele Vorteile bringt, dann aber zu den vereinbarten Bedingungen nicht mehr stehen; denn jeder Vorteil hat auch seinen Nachteil.

So ist das Ende fürchterlich: In Meran vor Gericht gestellt, wurde er in siedendes Öl getaucht. In seiner Not soll er geschrien haben, er sehne seinen Tod herbei, um mit allen Teufeln zu Mittag essen zu können.

Pfeifer Huisele wurde tatsächlich in Meran der Prozeß gemacht. Laurentius Paumbgartner, der geistliche Beistand, hielt in seiner Meraner Chronik fest:

> *Iterum ultimo supplicio,*
> *nempe decapitationis et combustionis*
> *multatus fuit Magus aliquis*
> *nomine Mathaeus Haensele*
> *(vulgo Pfeiffer Hänsele)*
> *annorum sexaginta me et duobus*
> *P. Capucinis comitantibus.*

Zu deutsch heißt dies soviel: „Wiederum wurde in Anwesenheit der Kapuziner mit der härtesten Strafe, nämlich durch Enthauptung und Verbrennung, ein gewisser Hexer namens Mathaeus Hänsele bestraft. Er war 62 Jahre alt."

Man schrieb das Jahr 1680, den 14. November. Erst mehr als achtzig Jahre später erließ Kaiserin Maria Theresia eine Verordnung gegen Hexenprozesse. Als letztes Opfer deutscher Hexenjäger gilt die Magd Anna Maria Schwägel, die 1775 in Kempten enthauptet wurde. Im Jahre 1793 endete in Posen Europas letzter Hexenprozeß.

Von Tal zu Tal – Eindrücke einer Wanderung

Die achteckige Heiliggrabkapelle unweit von Schloß Moos am Eingang ins Pfitscher Hochtal besticht durch ihre eigenwillige Bauweise.

Einst pfitschte der Wildbach hinaus in das Tal

Der Volksmund raunt von einem Wildbach, der des Menschen Macht immer wieder herausforderte und Natur und Existenzen bedrohte und oft empfindlich heimsuchte.
Anstelle der heutigen Wehr riegelte einst ein gewaltiger Felssturz das Tal ab. Übriggebliebene Blöcke in dieser Gegend erinnern daran. Dahinter staute sich ein großer See, der weit ins Tal hineinreichte. Durch den Ausbruch entstand das flache Talbecken mit den verteilten

*Einsame Schafherde am Fuß
der Hohen Kreuzspitze im Ratschingstal.*

*Der Berg verlangt immer wieder
seine Opfer. Die Marterlwiese unterhalb der
Hochferner-Biwakschachtel.*

Heustadeln. Wann der See ausbrach und ob er überhaupt ausbrach, konnte bis heute nicht nachgewiesen werden. Dafür erzählt die Sage, daß die Wassermassen talaus pfitschten in die Sterzinger Ebene bis hinab nach Stilfes.

Die Sage ist zwar ein Relikt menschlicher Phantasie. Zumindest ein Körnchen Wahrheit steckt aber immer darin, und derlei Überlieferungen haben nicht selten einen geschichtlichen Kern. Man glaubt, daß das Tal seit jenem fernen Ereignis seinen Namen hat; der Beweis hierfür fehlt allerdings.

Die reizvolle Hügellandschaft des ungeformten Stilfer Bergsturzes ist geologisch höchst aufschlußreich. Der Geologe Alois Staindl, selbst ein Wipptaler, vermutet, daß der Bergsturz einst einen großen See bis nach Sterzing aufgestaut hat, mit einer Tiefe von rund hundert Metern. Staindl stellt die Maulser Trias fest, die von Stilfes zur Ruine Reifenstein und

dann zur Mündung des Sengestales führt. Hier befindet sich die Schlucht des „Himmelreichs".

Doch zurück ins Pfitscher Tal. Ein eigenartiger Menschenschlag lebt in diesem von wilden Bergzacken eingefangenen Tal. Ihr zäher Ausdruck verrät eine peinharte Geschichte. Den Menschen steht das harte Ringen um die Existenz ins Gesicht geschrieben. Vielleicht sind sie gerade deshalb Pfitscher, eigenwillige, stolze Heimatpatrioten, weil ihnen nichts geschenkt wurde und weil ihnen das schier Unmögliche gelang, nämlich das Tal in den Griff zu bekommen.

Der hl. Valentin führte die Urpfitscher zum christlichen Glauben. Zuvor herrschte im Tal die weitverbreitete Verehrung eines Goldenen Kalbes. In der Nähe von Ried vergruben sie den Götzen – so jedenfalls berichtet die Sage.

Tulfer, am Talausgang gelegen, scheint in der ältesten Überlieferung von 827 als *Tulvares* auf. Ursprünglich lebten Illyrer in diesem Tal, dem unvergleichlich wildesten Seitental des Wipptales. Sie waren Viehzüchter und wußten den Ertrag der weiten Almen zu nutzen. Dann rodeten und bebauten Deutsche die Gegend, die Namen der Weiler und Orte beweisen den deutschen Ursprung: Wiesen, Moos, Ried, Wöhr, Gruben, Rain, Platz, Kinzen, Stein, ebenso die Bergnamen um das Tal: Weißspitz, Hühnerspiel, Kraxentrager, Schrammacher, Rotbachlspitze, Hochfeiler. Bis zur Waldgrenze hinauf rodeten die Urpfitscher den Boden. In 1600 Metern Höhe stand im Zemmgrund ein bewohnter Hof, er gehörte zum Afenshof außer der Wöhr.

Zuerst verwalteten die Herren von Pfitsch das Tal, durch Heirat ging deren Titel und Vermögen an die Pfitscher Linie der Trautson über. Die ältesten Kirchen des Tales gehen urkundlich auf die Zeit zwischen 1300 und 1400 zurück, was nicht heißen soll, daß nicht schon vorher Stätten der religiösen Besinnung in Pfitsch erbaut wurden.

Das Pfitscher Joch könnte eine ähnliche Bedeutung wie das Joch über den Jaufen haben. Gerade in der Zeit des Bergbaus war der Übergang sehr gefragt. Durch die unglückliche Neuziehung der Grenze zwischen Österreich und Italien wurden uralte Weide- und Besitzrechte durchschnitten. Die Pfitscher wußten sich dann, auch noch nach 1945, selbst zu helfen, indem sie des Nachts über das Joch schritten mit Tragtaschen und Rucksäcken, vollgefüllt mit Tabak, Salz und Sacharin.

Die S-Kurve von Kematen weiter nach St. Jakob hinauf nach Stein ist ein geologisches Zeugnis. Kematen mag früher einmal näher am Ufer des Talsees gelegen haben. Der Name Kematen leitet sich vom lateinischen *caminata* ab, was soviel wie „geheizter Raum" bedeutet. Von St. Jakob aus werden weite Bergtouren gestartet. In diesem Ort ist die alte gotische Kirche ein Prunkstück des Tales. Vor allem das Portal und der Spitzturm stammen aus der Zeit der Erbauung und sind besonders beachtenswert. Im Innern der Kirche beeindrucken die Statuen Petrus' und Paulus' und eine hingebungsvolle Pietà. Über Kirche und Menschen meint Josef Rampold:

Mehr als Jahrzahlen und Urkunden jedoch spricht die alte gotische Kirchentür mit ihrem einfachen, aber würdigen Schnitzwerk vom harten Leben der Bauern in Pfitsch. Verwittert und rissig, gleich den Arbeitshänden alter Leute, kündet sie von den Stürmen und Schneewehen, von den Regenschauern und ebenso von Sonne und Firnenlicht über dem himmelhohen Bergtal von Pfitsch.

Alte Aufnahme von einer kleinen Dorfidylle: Wegkreuz, Dorfbrunnen und Karrenwagen, im Hintergrund das Flainser Kirchlein.

Zur folgenden Doppelseite Hoch über den noch schneebedeckten Gipfeln des breiten Sterzinger Einzugsgebietes. Der Blick richtet sich nach Süden, rechts, bald nach der Gasteiger Handwerkerzone, führt die lange Straße nach Ratschings und Mareit, auf der linken Seite des Bildes ist die Staatsstraße hinauf nach Gossensaß zu erkennen.

Altes Balkonschnitzwerk bei einem Bauernhof des Hochgebirgstales.

Im Gasthof von Stein findet der Wanderer eine heimelige Unterkunft. In der Ferne beeindrucken ihn die überwältigenden Felsenhänge des gegenüberliegenden Bergmassivs. Dazwischen läßt er den Blick über die weiten Feldermatten des Tales streifen, das schlängelnd durchzogen wird vom kristallklaren Naß des Wildbaches.

Von Thuins über Telfes nach Mareit und Ridnaun hinaus nach Gasteig zur Einsiedelei von Rust

Ohne daß ein Wanderführer vorgelegt werden soll, sei dennoch auf diese einmalige Route durch eine typische Wipptaler Landschaft aufmerksam gemacht.
Von Sterzing ist es nur ein kurzes Stück hinauf nach Thuins. Dieses Dorf liegt in einer einzigartigen Landschaft eingebettet. Es ist schlicht ein lieblicher Ort, ganz unscheinbar liegt er da, auf einem Plateau, knapp oberhalb der Stadt und den Verkehrsadern der Zeit und dennoch abgeschieden genug, um in Ruhe und einer erträglichen Einsamkeit die Hektik der Zeit geräuschlos zu überstehen. Dem Dorf Thuins vorgelagert ist das ehemalige Zollwirtshaus Eisenstecken. Hier haben Archäologen 18 Gerippe freigelegt. Die Bestatteten lagen mit dem Kopf gegen Osten, den Schädel mit eine Steinplatte abgesichert. Auf

Die geschlossene Höfegruppe von Thuins, einem der ältesten Dörfer des Wipptales.

der Anhöhe hinter dem Friedhof befand sich wahrscheinlich das ursprünglich römische Vipitenum.

Von Thuins führt der Weg auf dem teilweise schattigen Feldweg hinauf nach Ober- und Untertelfes. Die Zwillingsdörfer liegen zwar in etwas steiler Anhöhe, dafür entschädigen die vielen Sonnenstunden diesen Nachteil. Zwischen beiden Orten steht in schöner Lage der Widum, früher einmal ein Gasthaus. In Untertelfes lohnt ein Besuch beim Knappenhof. Von den Wirtshausnamen und den Wirtshausschildern läßt sich viel von der Vergangenheit der Gegend, des Ortes und des Hauses herleiten. Hier waren es die Bergknappen. Sonst sind es Erinnerungen an die Kaiserstraße durch das Wipptal, zum Beispiel zur „Krone" oder zum „Adler". An die Kreuzfahrer und Pilgerzüge erinnern Namen wie „Goldenes" oder „Weißes Kreuz". An die Fuhrleute erinnert das „Rößl", an den Postverkehr die vielen Gasthöfe zur „Post". Von Astronomie und Jahreslauf kommen „Sonne", „Mond", „Mondschein" und „Stern"; von sagenhaften Überlieferungen leiten sich „Einhorn" und „Greif" ab, von der Tierwelt „Bär", „Wolf", „Ochse", „Hirsch", „Steinbock"; und aus der Pflanzenwelt stammen „Rose", „Lilie", „Edelweiß", „Enzian" und andere. Viel könnte noch über derlei Namenverbindungen gesprochen werden, doch der Weg führt weiter zum Dorf Mareit, bergab durch eine Landschaft mit wunderschönem Ausblick, so weit das Auge reicht.

Telfes im letzten Abendlicht. Der Ort scheint bereits in einer Urkunde von 827 auf.

Die Kirche von Untertelfes nach schneereicher Nacht. Das Doppeldorf verfügt gar über zwei Kirchen: St. Nikolaus (im Bild) und St. Veit.

Das Mareiter Tal, wie der Teil zwischen Gasteig und dem Ort Mareit auch genannt wird, liegt teilweise im Schatten, wie überhaupt die Mareiter zwischen einer Sonn- und einer Schattenseite unterscheiden. Der Ort lag einst am alten Erzweg, die Marmorbrüche in der Nähe lassen die frühere Knappenarbeit erahnen.

Schloß Wolfsthurn überwacht Mareit. Das sehenswürdige Anwesen ist seit 1727 im Besitz der Freiherrn von Sternbach. Die Geschichte des Schlosses ist aber noch viel älter. Bereits um 1240 scheint der Eppaner Ministeriale Heinrich urkundlich als Besitzer des Turmes in Mareit auf. Die Eppaner Enklave im oberen Eisacktal ging in den Besitz der Grafen von Tirol über. Graf Albert verfolgte mit besonderem Interesse seinen neuen Besitz in Mareit. Er erkannte folgerichtig die strategische und wirtschaftspolitische Bedeutung dieses Knotenpunktes nahe am alten Jaufenweg. Zu dieser Zeit trat das Geschlecht der Wölfe auf, von denen das Schloß

Das Wipptal ist reich an traditionellen Wirtshausschildern. Die schmiedeeisernen Symbole möchten den Gast anlocken. Die Wirtshäuser erfreuen sich seit jeher größter Beliebtheit.

seinen Namen erhielt. Der erste Sternbach, Freiherr Franz Andrä Wenzel, ließ den erworbenen Besitz, außer den Südturm, zuerst niederreißen und erbaute mit viel Aufwand eine barocke Schloßanlage – der Besitz sollte den Rang seines Geschlechts angemessen repräsentieren. Sternbach ging der Ruf eines großen Mäzens, eines Kunstliebhabers und Kunstbauherrn voraus.

Schloß Wolfsthurn ist ein eindrucksvoller, wunderschöner Barockbau, geradezu einzigartig in Südtirol, wenngleich es noch andere profane Barockanlagen gibt. Überwältigend sind der eingeschossige Kavalierstrakt mit erhöhtem Torturm und Seitenflügeln, der dreigeschossige Haupttrakt; allein der Innenhof mit dem Springbrunnen ist eine Augenweide für den Kunst-

Zur Lilie, zum Lamm, zur Traube, zum Roten Adler, zur Krone – vielfältig sind die Namen der Sterzinger Wirtshäuser.

kenner des Barock. Vom früheren, alten Bau ist kaum mehr etwas übriggeblieben, der südliche Turm blieb erhalten, eingefügt in den neuen Turm. Die Jagdzimmer sind mit kostbaren Stoffen dekoriert, ganze Wandteile sind barock überzogen; Jagdszenen beleben die Räume. In schillernden Farbtönen werden Jagdgeschichten aus der höfischen Zeit geschildert: eine Treibjagd mit Hunden auf einen Hirschen, Fuchsjagden, Saujagden.

Das Schloß, das auf einem malerischen Hügel angelegt ist, an dessen Fuß eine Brücke über den Mareiter Bach führt, verfügt über eine wahrhaft verschwenderische Anzahl von

Fenstern. So sprach der Volksmund, die Besitzer könnten jeden Tag im Jahr zu einem anderen Fenster hinausschauen – fürwahr: Schloß Wolfsthurn ist ein prunkvolles Juwel des Wipptales.

Der Weg führt weiter hinauf über die Gasse, bis sich vor den Augen eindrucksvoll das eigentliche Ridnauntal öffnet und der Blick nach ein paar Gehminuten bis in den hintersten Winkel des Tales schweift. Wer bis jetzt am erfolgreichen Arbeitseifer der Bergknappen gezweifelt hat, wird spätestens mit der Knappenkirche St.Magdalena zur Rechten eines Besseren belehrt. Diese Kirche muß besucht werden, wenn möglich in Begleitung eines Kenners – man wende sich an den Kaplan von Mareit.

Einzigartig ist diese marmorne Spitzbogentür eines Wipptaler Bauernhofes.

Gut erhaltenes uraltes Fresko an der Außenfassade des Pfitscher Hofes in Ridnaun.

Barocke Fensterumrahmung von Schloß Wolfsthurn zu Mareit.

Ridnaun ist ein eher ebenes, offenes Tal. Zahlreiche Überschwemmungen des Eissees am Übertalferner haben im Lauf der Geschichte die Landschaft gezeichnet. Jeder Weiler des Tales, Kalchern, Ried und die Höfe in Maiern, atmen die Geschichte des Tales, aus dem die Ridnauner Riesin, Maria Fastnauer vom Stauderhof in Valmezon, stammt. Die Tiroler Moidl brachte es zu einer stattlichen Größe von 2,17 Metern. Sie selbst mag wohl am schwersten darunter gelitten haben und die Eltern auf dem Bergbauernhof ebenfalls, die ohnehin nur in größter Not den Kindern reichlich zu essen geben konnten. Im Sonklarhof, am Eingang des Ortes, heute ein gefragtes Ferienhotel, wurde die Idee geboren, mit der Moidl Geld zu machen: Man müsse sie hinaus in die Welt führen, den Menschen vorzeigen, gegen bares Geld versteht sich. Und so kam sie weit herum, die Moidl vom Ridnauntal, und wieviel hätte sie gegeben, zu Hause bei der Familie zu sein, auf Feld und Acker mitzuarbeiten. Der Fortschritt in den Städten, die Genußsucht der Menschen, die Geschäftemacherei ekelten sie an. Die gute Maria zerbrach in der Welt der Massen und der Städte, sie schrieb zutiefst unglücklich Briefe nach Hause, voll der Sehnsucht und der Heimatliebe, voll von Frömmigkeit und elterlichem Gehorsam. Als sie 1917 starb, war sie noch keine vierzig Jahre alt.

Es führen mehrere Wege zurück in Richtung Ratschings und Stange, bei der Wahl der jeweiligen Route empfiehlt es sich, die Jahreszeit zu berücksichtigen. Vor Gasteig liegt die Ortschaft Stange. Wieder ist der Name geschichtsträchtig, denn hier in der Talebene am Ausgang des Ratschingser Tales lag nachweislich der Urhof Stange. Der Name des Ortes leitet sich von den Zollschranken ab, mit denen die Brixner Bischöfe hier den Jaufenweg abriegelten. Früher einmal mag die Zollstange nicht in der Talebene gelegen haben. Kalch zum Beispiel, an der Jaufenstraße, hat einen Schrankhof. Von Stange aus lohnt es sich, zwei Sehenswürdigkeiten aufzusuchen: Die Gilfenklamm, eine Schlucht mir tosendem Gewässer, kann durch neuerrichtete Stiegen, Brücken und Geländer bewältigt werden. Hautnah braust das kaltklare Naß an den Felsen der Schlucht herab und talaus. Zum anderen lohnt der Anstieg durch Wiese und Wald zur Ruine Reifenegg, etwas oberhalb der Mündung des Ratschingser Baches gelegen. Die Burg gehörte einmal dem Bischof von Brixen, dann Graf Albert von Tirol. Er belehnte damit Bertold Chrelle von Rifenstain, dessen Söhne, Jakob und Dietmar, teilten sich dann den Besitz. Jakob erhielt durch Heirat den Turm zu Pfitsch, sein Sohn Peter besaß Schloß Moos, mit ihm steht das Reifenegger Lehen in Verbindung; die Nachkommen führten den Namen Trautson von Reifeneck.

Die Burg Reifenegg hatte nie eine militärisch-politische Bedeutung, weshalb sie auch nie eine besondere Beachtung und Pflege erfahren haben mag. Die Linie Dietmar starb aus; in der Folge wechselte die Burg mehrmals ihren Besitzer, bis sie bereits in der zweiten Hälfte des 14. Jahrhunderts leer dastand. Es lohnt ein Besuch, allein schon die erhaltenen zwei Meter dicken Mauern, der verfallene Turm, aber vor allem das gut erkennbare Hufeisenwappen der Trautson über dem Rundbogeneingang entschädigen vollends die Mühen des Aufstiegs.

Weiter draußen liegt Gasteig. Einst standen hier viele Soldhäuser für Händler und Handwerker, und um einen kleinen Vergleich mit der nahen Vergangenheit zu wagen: Um 1840 wurden hier 22 verstreute Häuser mit 171 Einwohnern gezählt. Hier treffen drei Straßen zusammen: die Ridnauner Straße, die Jaufenstraße und die weiter oben einmündende Straße von Jaufental.

In der Nähe von Gasteig liegt Rust. Und wieder gibt es hier von einer für diesen Teil des Tales einmaligen Begebenheit zu berichten. Die Rede geht von der Einsiedelei, an die heute noch eine kleine Kirche mit angebautem Wohnhaus erinnert.

Die Menschen sind zwar Gemeinschaftswesen und, wie es scheint, aufeinander angewiesen. Dennoch steigt hin und wieder der eine oder andere aus, entflieht dem Gesetz der gegenseitigen Rücksicht und zieht sich auf seine Weise zurück. Solchen Menschen gebührt höchster Respekt und vollste Achtung. Jeder, der den Mut aufbringt, dem Trend der Zeit zu spotten, ist eine größere individuelle Persönlichkeit und mehr dem ureigenen Menschwesen näher als alle anderen, die da zumeist kritiklos mitwirken und sich lenken lassen vom großen Strom der Zeit.

Anachoreten wurden solche Aussteiger in alten Zeiten genannt. Wörtlich heißt das Entweichen, damit waren Einsiedler gemeint, die der Welt entflohen. Alle Religionen kennen solche Menschen. Christliche Einsiedler zogen sich zumeist in eine Klause zurück. Auch in Sterzing und Umgebung waren sie einsam und zurückgezogen anzutreffen. Unter Kaiser Joseph II. wurden sie allerdings nicht geduldet. Der Eremit lebt in völliger Abgeschiedenheit, in Stille und im Gespräch mit Gott. Er lebt in und mit der Natur und ist davon überzeugt, daß Gott dem Menschen besonders nah ist, wenn er in Askese lebt, sich in Zurückhaltung übt, allen irdischen Freuden entsagt, wenn er den Körper kasteit, Schmerzen erduldet und viele Strapazen und Qualen erträgt. Die Einsamkeit des Waldes eignet sich besonders für ein solches Dasein. Die Einsiedler lebten von einem kargen Bettel, von gesammelten Früchten und Beeren des Waldes.

Wo der erste Eremit im südlichen Wipptal seine Klause hatte, ist heute nicht mehr bekannt. Auf jeden Fall brauchte er die Erlaubnis des bischöflichen Ordinariats von Brixen, und die Vorschriften waren streng, fürchtete doch die Kirche, daß ihr zuviele der Menschen in die Einsamkeit des Waldes entfliehen, aus denen dann wiederum Bettelorden hervorgehen könnten. Der Eremit mußte zunächst eine Ausbildung in einem Kloster absolvieren. Bevor er selbständig zur Eremitage schreiten konnte, mußte er das Ordensgelübde auf Armut, Keuschheit und Gehorsam ablegen. Ein verheirateter Mann durfte nach den Richtlinien von 1735 Eremit werden, wenn seine Frau Nonne geworden war.

Der Tagesablauf war streng geregelt: erstes Gebet am frühen Morgen, dann Lektüre eines geistlichen Buches, ein einfaches Frühstück und wiederum Gebet, dann die alltäglichen Dinge wie Handarbeit und Aufräumen, sodann Besuch der Frühmesse, Mittagessen um 11 Uhr, danach ein kurzer Spaziergang, wieder Handarbeit, im Anschluß Vespergebete, Lesung und wieder Gebete, ein kurzer abendlicher Spaziergang, Singen geistlicher Lieder und um 18 Uhr wiederum Gebete des Abends, dann der Rosenkranz, Litanei und eine gründliche Gewissensforschung.

War der Eremit des Lesens und Schreibens kundig, unterrichtete er zuweilen die Kinder des Ortes. Die Einrichtung der Einsiedelei war fest vorgeschrieben: in der Zelle ein Betstuhl, eine Sitzbank, ein Tisch, darüber ein Kruzifix, das Lager bedeckt mit einem Strohsack; an Büchern waren nur geistliche erlaubt.

Im Jahre 1750 kaufte Bruder Dismas Sorg, Eremit, gebürtig aus Thuins, von Mathias Haidegger in Rust ein Grundstück für seine Klause. Der zukünftige Einsiedler war als leidenschaftlicher Jäger bekannt und deshalb beim Präses der Brixnerischen Einsidler-Congregation nicht sonderlich beliebt. Dennoch durfte er die Eremitage erbauen. Drei Jahre später war das Wohnhaus nebst Kapelle vollendet. Für die Erteilung des Schulunterrichts brauchte er wieder eine Genehmigung. Es kann vermutet werden, daß er eine Zeitlang heimlich in einem nahegelegenen Bauernhaus die Kinder unterrichtete. Schließlich galt er in Gasteig als ein angesehener Schulmeister. Dismas erhielt dann sogar die Erlaubnis, in seiner Kapelle zu Maria Heimsuchung die hl. Messe zu zelebrieren. Dann verlieren sich allmählich seine Spuren. Er verkaufte seine Eremitage, und so mancher andere Einsiedler zog ein und verbrachte sein Leben im Gespräch mit der Schöpfung Gottes. Der ehemalige Gerichtsdiener von Gufidaun, Joachim Ruepp, kam um 1770 mit 23 Jahren in die Sterzinger Gegend nach Rust, um den

Die Sieben-Seen-Wanderung im hintersten Ridnauntal, auf der dieses Bild entstand, zählt zu den schönsten Bergtouren im Wipptal.

irdischen Freuden des Lebens abzuschwören. Dreißig Jahre später ereilte ihn ein mysteriöser Tod; die Rede ging von Mord, denn man fand ihn in der Lache seines eigenen Blutes. Der Mordverdacht belastete zwei Bettler.
Ein Besuch der Einsiedelei von Rust ist jedem zu empfehlen, der in der Welt nicht nur das Vergängliche sieht. Der Weg zweigt unmittelbar nach Gasteig rechts ab, schon bald danach trifft er auf die Einsiedelei, die erst vor kurzem innen und außen restauriert wurde. Im Inneren der Kapelle zeigt das Deckengemälde die Geburt des hl. Johannes mit seinen Eltern,

darunter ist zu lesen: „M. Weller Pinxit 1779". Außen, links am Portal, der hl. Eremit Paulus und rechts der hl. Antonius, wiederum vermutlich vom Meister Weller gemalt.

Im Jahre 1785 wurden viele Kirchen und Kapellen in dieser Wipptaler Gegend, ebenso wie in der nördlichen Talhälfte, gesperrt. Die Heilig-Grab-Kapelle in Wiesen, die Mariahilfkapelle in Tulfer, die Schützenkapelle in Afens, die St. Peter und Paulkapelle in Jöchlsthurn, um nur einige zu nennen. Von obrigkeitlicher Hand veranlaßt, denn es kursierte die Vermutung, „daß diejenigen Orden, die dem Nächsten ganz und gar unnütz sind, nicht Gott gefällig sein können". Mehrere Kapellen wurden entweiht und veräußert oder zu profanen Bauten umstrukturiert.

Die Johanneskapelle in Sterzing zum Beispiel gelangte in den Besitz des Hotels „Goldene Krone", zuerst waren Gästezimmer, heute ist darin ein Geschäft untergebracht.

Wer das Jaufental nicht aufsucht, wird über die Ebene entlang dem Mareiter Bach in Richtung Sterzing zurückwandern. Die Gegend nach Gasteig, auf der anderen Seite des Baches, ist als Ober- und Unterackern bekannt. Die Landschaft ist hier von besonderer Eigenart. Es finden sich noch Teiche und ein letzter Rest einer ehemals idyllischen Aulandschaft mit dem einzigartigen Reiz einer sich selbst überlassenen Natur.

Sterzing – Zentrum des Wipptales

Reges Treiben der Händler, Unternehmer und Spielleute

Die Lage der Stadt war schon ehemals äußerst günstig für allerlei wanderndes Volk, für Kaufleute und Geschäftemacher, fahrende Künstler und Gaukler: Direkt am vielbefahrenen Brennerweg gelegen, unweit vom weiteren bedeutenden Saumweg über den Jaufenpaß ins Passeiertal und nach Meran und Ausgangspunkt für den alten Saumweg übers Pfitscher Joch ins Zillertal und weiter ins Salzburgische. Die Stadt – bereits zu früheren Zeiten Knotenpunkt alter Verkehrsverbindungen, Zwischenstation vieler Fuhrleute, die hier ihre Pferde wechselten, sich von den Strapazen erfrischten oder gar in einem der vielen Gasthöfe übernachteten, ein vielgenützter Lagerort für mannigfaltige Waren, die dann vom Ballhaus weiter in den nächsten Niederleg transportiert wurden. Sterzing, ein weitum bekannter Rast- und Aufenthaltsort für Kaufleute, die zum nächsten Markt fuhren, für fromme Pilger, die nach Trens wallfahrteten.

Da herrschte ein reges Treiben, ständig kamen neue Reisende an, andere verließen nach ein paar Tagen den Ort. Zwischen dem 21. und 28. Oktober 1657 sollen an die 230 Wagen durch die Stadt gezogen sein. Gerade zu Pestzeiten, um 1543, 1565, 1575 oder 1612, zog die Stadt mit der gesunden Gebirgsluft viele an. Es wurde erzählt, daß damals die Gasthöfe oft bis zu 30 Fremde beherbergten.

Herkunft und Bedeutung des Namens geben Rätsel auf

Jede Geschichtsschreibung um eine Stadt beginnt vor allem auch mit der Namensgebung. Es stellt sich die Frage: Wie kam Sterzing zu seinem Namen?
Um 1180 bereits ist in einer Urkunde von einem „usque ad Stercengum" die Rede. Der Volksmund führt Sterzings Benennung auf ein altes, buckeliges Männlein mit Namen Starz zurück, das im Frühmittelalter gelebt haben soll. Im Keltischen bedeutete „starz" buckelig. Die Sage weiß zu berichten, daß der erste, der die Stadt betreten, ein buckeliger Stelzfuß gewesen sein soll; und schon bald wurde er von allen nach dem Namen Störz gerufen. Das Stadtwappen –

Sterzings Neustadt: Als für den schwachen Verkehr noch ausreichend Platz war.

Die Fuggerstadt im Detail: Der Zwölferturm als Wahrzeichen und vielfältige Hauserker gehören zu den auffälligen Eigentümlichkeiten im Stadtbild.
Die Uhren des Zwölferturms wurden vor einiger Zeit renoviert (siehe das Umschlagbild), so daß man im südlichen Eisacktal nun wieder leichter erkennen kann, was die Stunde geschlagen hat.

seit 1328 bekannt – führt ein buckeliges Männlein mit dem Rosenkranz in der Hand, auf dem Rücken den Tiroler Adler, an. Der Mann soll im Fischerhaus beim Kreuzkirchl gewohnt haben. Soweit die Sage.

Viele Sprachwissenschaftler und Historiker leiteten den Ortsnamen von anderen angeblichen Begründern der Stadt oder von weiteren Personennamen ab; etwa von einem gewissen Starkulf oder Starko; in Tacitus' Annalen ist von einem Krieger namens Stertinius die Rede, weshalb man dann Sterzing rätischen Ursprungs deutete. Mit „Störzing" wurde freilich auch ein keltischer Zusammenhang hergestellt, denn „ins Keltische verweist man so ziemlich alles, wovon man nichts Sicheres weiß". Und „starz" war ja den Kelten bekannt. Sterzing wurde häufig auch vom lateinischen „Stiriacium" abgeleitet – „stiria" bedeutet soviel wie Eisack, also vermutlich „Stadt am Eisack".

Über die Orte und damit die ersten nachweisbaren Besiedlungen in der Sterzinger Gegend gibt die Quartinusurkunde von 827 genauere Angaben – Quartinus schenkte damit dem Kloster Innichen seine Güter und Liegenschaften; Stilfes, Trens, Flains, Tschöfs, Thuins und Telfes werden erstmals darin genannt; ältere schriftliche Hinweise sind uns jedenfalls nicht bekannt. Aber in der Urkunde geht auch von einem Castellum „ad Uipitina" und eben dem vicus Vipitenum die Rede. Die Ortschaft Vipitenum wird als erste genannt – ein Beweis wohl, daß es sich um die älteste und größte Besiedlung handelte. Manche gehen gar davon aus, daß Etrusker zuerst diese Gegend besiedelten und dann nordwärts weiterzogen. Die Römer bauten den Ort wegen seiner günstigen Lage aus.

Die alte italienische Bezeichnung Vipiteno als Wegstation scheint bereits in der Tabula Peutingeriana, einer römischen Reisekarte, und in dem Itinerarium Antonini, einem Reisebuch, auf. Später tauchte „Wibitina" oder „Bibidina valles", „Wibetal", also Wipptal, für die ganze Gegend auf. Sicher ist jedenfalls: Die Bezeichnungen Sterzing und Vipitenum sind nicht identisch – es müssen zwei getrennte Ortschaften damit gemeint sein. Vipitenum breitete sich vermutlich in geschützter und klimatisch begünstigter Lage hinauf zu den Hängen von Thuins – Kronbühel genannt – oder Tschöfs – vermutlich Ziegelmühlegg oder Kirchbühel – aus.

Einige Daten zur Geschichte

Sterzing bekam zwischen 1276 und 1281 von Graf Meinhard II. von Tirol die Stadtrechte verliehen. Eine Stadterhebungsurkunde ist jedoch nicht vorhanden. Am 23. und 24. September 1978 feierte jedenfalls die Bevölkerung das 700jährige Bestehen des Städtchens.

Bereits seit Anfang des 14. Jahrhunderts durfte die Stadt fremde Reisende beherbergen; es bestand jedoch die Sonderregelung, daß außerhalb – südwärts bis zur heutigen Franzensfeste, westwärts bis zum Jaufen und nordwärts bis zum Brenner – niemand Gäste aufnehmen durfte. Dieses Privileg wurde Sterzing durch die Söhne Herzog Meinhards II. zuteil. Keinen Gasthof, aber auch keinen „Niderleg" – Ablegeplatz für Waren – gab es in der unmittelbaren Umgebung Sterzings. Wer diese Verordnung nicht berücksichtigte, konnte sogar bestraft werden.

Im Jahre 1363 ordnete Rudolf IV. den Bau einer breiten Handelsstraße durch den Ort an, und damit begann auch rasch der wirtschaftliche Aufschwung. Das kleine Städtchen am Eisack wurde immer bekannter und beliebter, vor allem dann, als alle zwei Wochen,

Sterzing um 1930: Ein kleines Städtchen in nahezu unberührter Landschaft.

Legende zur folgenden Doppelseite: Sterzing um 1990: dichtes Häusergedränge am Rande regen Verkehrstreibens.

sonntags, immer der Markt abgehalten wurde – Erzherzog Ernst hatte der Stadt am 29. November 1415 erstmals den Wochenmarkt verliehen. Fleisch und Brot wurden hauptsächlich angeboten; nicht bloß die Einheimischen gesellten sich auf den Marktplatz, der sich vor dem Zwölferturm befand, sondern auch Tausende Knappen, die bei den Käufen eindeutig den Vorrang genossen.

Kaiser Maximilian erteilte um 1500 den Sterzingern das Recht der Einhebung eines Weggeldes der Brennerstraße, und zwar bis zum Sprechensteiner Kofel, dafür mußte dieses Teilstück des vielbefahrenen Verkehrsweges instandgehalten werden, was oft gar nicht einfach war: Die Strecke führte durch das Moor, und im Frühjahr war sie öfters überschwemmt. Zollstätten gab es nördlich von Sterzing, am Lurx, westlich in der Vill am Jaufenweg, auch in der heutigen Stange; die jeweiligen Zöllner mußten dafür oft den Fahrweg säubern und ausbessern.

Die führenden Gewerbetreibenden waren die Wirtsleute, aber auch die zahlreichen Schmiede dürfen nicht vergessen werden. Um 1650 lebten und wirkten im Städtchen elf Hufschmiede, der Großteil davon hatte die Werkstatt in der Altstadt – damals obere Stadt genannt – eingerichtet. 1449 gar schon tagten in der Wipptaler Fuggerstadt die Kessler – Kesselrichter Wilhelm Ramung hatte den Kesslertag einberufen. Das Schmiedehandwerk gehörte damals jedenfalls zu den aufstrebenden zukunftsweisenden Berufen. Die Schmiede vereinigten sich sogar zu einer eigenen Bruderschaft. Auch die Gerber bildeten zusammen mit den Schustern eine gemeinsame Zunft. Die Tiroler Steinmetze und Maurer tagten öfters in dieser Stadt. Die kleine Metropole des Wipptales war auch öfters Versammlungsort des Tiroler Landtages: 1493, 1502 oder 1507. Am 24. April 1459 fällte hier eine beratende Kommission Beschlüsse, die gegen den berühmten, aber umstrittenen Bischof von Brixen gerichtet waren: Kardinal Nikolaus Cusanus. 1904 wurde der Bauernbund hier gegründet.

Handwerk und Anfänge des Fremdenverkehrs

In Sterzing hatten die Müller im Mittelalter viele Aufträge zu erledigen. Am Eisackufer, am östlichen Stadtrand, standen drei Mühlen: die obere, die mittlere, die untere. Überhaupt soll die Bachgegend und Mooslandschaft von vielen Städeln übersät gewesen sein – die Bauern lagerten dort das Heu und Getreide.
Ein Kunstgewerbe war besonders im 19. und noch zu Beginn des 20. Jahrhunderts verbreitet: die Hornindustrie. Aus den Kuh- und Ochsenhörnern fertigte man liebliche, anmutige Kunstgegenstände als Wohndekoration oder einfach als Souvenir: Tabakdosen, kleine Löffel oder Anhänger. Bei den Fremden, die zu jener Zeit Sterzing besuchten, fanden sie reißenden Absatz.
Mit dem Bau der Brennerbahn und der Entsumpfung des Moores setzte die Entwicklung eines modernen Wirtschaftszweiges ein, des Tourismus, und Sterzing wurde damals zu einem gemütlichen Sommerfrischort. Ein Verschönerungsverein sorgte für Sauberkeit und Blumenpracht; Konrad Fischnaler veröffentlichte zu jener Zeit Sterzings ersten Fremdenführer. Die Fuggerstadt war um die Jahrhundertwende Ausgangspunkt ausgedehnter Bergtouren zu den Schutz- und Alpenvereinshäusern der umliegenden Täler Pfitsch, Pflersch oder Ridnaun. Der Touristenstrom nahm von Jahr zu Jahr zu: 1901 waren es noch 2000, 1910 bereits über 4000 Gäste aus ganz Europa. Sterzings Stadtbild änderte sich mit den Jahren; die spätgotische einheitliche Eigentümlichkeit behielt es jedoch bei. Die Arkaden vom Rathaus bis zum Untertorplatz, die vielen Zinnen und Erker, die zahlreichen Giebel, abgetrennt oder rund, bewahren eine lebendige Erinnerung an das Mittelalter, das für diesen Ort so entscheidend gewesen war.

Von lustigen Spielen und besinnlichen Themen

Im Mittelalter belustigten heitere Fastnachtspiele das städtische Volk. der Nürnberger Hans Sachs, Vigil Raber, der Sterzinger, brachten das Volksschauspiel in Mode. Auf den Straßen und freien Plätzen, im Zentrum der Stadt, auch außerhalb vor der Pfarrkirche stand die Wanderbühne; Schauspieler füllten die Gaststuben und gaben ihr Bestes. Alte heidnische

Maskentänze, der derbe, aber eigentümliche Fruchtbarkeitskult lebten im Tiroler Fastnachtspiel fort und bereicherten das Kulturleben Sterzings im 15. Jahrhundert.

Die heiteren Theaterstücke zur Faschingszeit und die besinnlichen Passionsspiele zur Fastenzeit hielten die ganze Stadt wochenlang in Atem. Derb-Ironisches und hoher Ernst, Gaukelei und Gelächter vermischten sich oft. Das weltliche und geistliche Theater lebte ganz aus der Rede, voll von witzigem Esprit und häufig von zweideutigen Bildern. In den Mittelpunkt der heiteren Stücke rückt der ewige sagenumwobene Kampf der hellen Frühlingsmächte gegen die finstern Winterdämonen – das Dramatische erreichte da seinen Höhepunkt. Ehekonflikte, Gerichtsverhandlungen, Intrigen, eine bittere Ständesatire auf Adelige und Geistliche bereicherten die literarischen Stoffe.

Eine Gedenktafel an der Hausfassade in Sterzings Neustadt erinnert an ein kleines Universaltalent, das eigentlich so viele Berufe ausübte: Vigil Raber, Kunstmaler und kleiner Dichter, Textredaktor und Regisseur, Bühnenbildner und Schauspieler, Kostümgestalter und Fundusverwalter der Sterzinger Bühne. Vigil Raber war kein wortgewaltiger Dichter, aber ein fleißiger Sammler zahlreicher süddeutscher Spieltexte, die er dann sorgfältig umarbeitete und breiten Volksschichten zugänglich machte. Damals war bereits das Totale Theater geboren – viel früher, als ein Erwin Piscator oder Bertolt Brecht im 20. Jahrhundert diese Theaterform offiziell begründeten: Schauspieler und Zuschauer am Bühnengeschehen aktiv beteiligt, Massenszenen mit Hunderten Darstellern – Heilige, Teufel, dazwischen das derbe Bauernvolk, die schreienden Bürger, der Auferstandene. Ein großer Aufwand auf jeden Fall, mit prächtigen Kostümen, phantastischen Figuren und bunter Kulisse!

Das Volksschauspiel, das geistliche und weltliche, war ein Produkt des selbstbewußten Bürgergeistes, angereichert mit viel intelligentem Witz und realem Bezug. Allzuoft artete eine Aufführung in seiner Belustigung und Heiterkeit in Übermut und Gasthausbalgereien aus – der Zeitgeist, der höhere Lebensstandard und das materielle Denken machten auch vor der Kunst nicht halt.

Kunstdenkmäler und Kunstschätze

Sterzing ist uns aus einer Urkunde vom Jahre 1180 als Siedlungsort bereits bekannt. Sehr viel früher verbreitete sich in der Gegend südlich des Brennerpasses das Christentum, wahrscheinlich um 450. Die Patrozinien des hl. Petrus in Tschöfs, des hl. Stefan in Ried oder des hl. Andreas in Ratschings verweisen auf jene frühchristliche Zeit.

Sterzing erinnert mit seinen Bürgerhäusern, Kirchen und Verkehrswegen an die Städte des Inntales: Der spätgotische Stil prägt das äußere Bild, während die romanische Kunst nur spärlich vertreten ist.

Im 13. Jahrhundert gab es vermutlich drei Stadttore, um in das Zentrum zu gelangen. Auch ist des öfteren von einer Ringmauer um die Neustadt die Rede, was jedoch sehr umstritten ist. Ein Stadtplan aus dem Jahre 1608 weist sechs Stadttore auf: das Brixner, Jaufen-, Telfer, Sterzinger, Pfitscher und Brennertor.

Der alte Stadtkern umfaßte jedenfalls die Altstadt, das Kirchen- und Spitalviertel, unmittelbar am heutigen Stadtplatz gelegen. Rein nach außen hin unterschieden und unterscheiden sich die Alt- und die Neustadt deutlich voneinander. Die Altstadt – schmal und eng, schlicht die

Festliches Sterzing mit Nepomukstatue im Mittelpunkt, eine Erinnerung zur Bannung der Überschwemmungsgefahr im 18. Jahrhundert.

Das berühmte Lüsterweibchen prangt an der reichverzierten Balkendecke des Sterzinger Rathauses.

Häuserfassaden; die Neustadt – breit und großzügig, üppiger und farbenprächtiger die Häuserarchitektonik und -dekoration. Die wohlhabenden Bürger bevorzugten den südlichen Stadtteil. Seit dem 15. Jahrhundert verdrängte die Neustadt an Bedeutung immer mehr die Altstadt und nahm bald die erste Stelle ein.

Die kleinen, typisch tirolischen Lauben ermöglichten es den Kaufleuten zu, selbst an Regentagen die Waren im Freien zur Schau zu stellen und feilzubieten. Mit der Umgestaltung des Zwölferturmes in den Jahren 1468–1473 begann auch in der Neustadt eine rege Bautätigkeit – dieser Stadtteil bekam ein neues Gesicht.

Im Mittelalter, und auch noch in den folgenden Jahrhunderten, kam es zu verheerenden Bränden von ungeheurem Ausmaß – von Brandstiftung ging nicht selten die Rede, so auch bei einem Schadenfeuer im Jahre 1443. Die Flammen griffen rasch auf einige Bürgerhäuser über, so daß später die Stadt ziemlich neu aufgebaut werden mußte. Unmittelbar danach bekam Sterzing sein neues Wahrzeichen, den Zwölferturm, und auch ein neues Rathaus. Das alte hatte ehemals am Stadtplatz, neben dem Ballhaus, dem Bürgerspital zum Hl. Geist mit den überaus schönen Fresken – Verkündigung, Heimsuchung, Kindermord, Anbetung der Könige, Kreuzauffindung, Ölberg, Judaskuß, Christus vor Pilatus, Dornkrönung, Kreuztragung, Auferstehung und Jüngstes Gericht darstellend, ein Werk des Meisters Hans von Bruneck – gestanden. Später kam es zu einer Umgestaltung der Außenfassade des neuen Rathauses in der Neustadt, der fünfseitige Erker mit Wappenreliefs verlieh Sterzing ein besonderes Aussehen. Im Inneren fällt der Lichthof mit umlaufender Galerie auf. Im Erdgeschoß, in dem ein Türkenkopf an einem Eckpfeiler der Lauben an die Türkenkriege erinnert,

befand sich einmal die Fleischbank, das Obergeschoß trug den bezeichnenden Namen Tanzhaus. Im prunkvollen Rathaussaal mit wertvoller Renaissancetäfelung tagte des öfteren der Tiroler Landtag, bewacht vom Lüsterweibchen, das von der Decke herabschaut.

Hausbrände veranlaßten Sterzings Bürger, eine sogenannte Ritsche anzulegen. Durch die Stadt wurde ein kleiner Graben ausgehoben und das Wasser des Fallerbaches im Norden der Stadt dorthin geleitet. Die Ritsche wurde sorgfältig mit Steinplatten abgedeckt, so daß man sie gar nicht sehen konnte. Die Menschen holten sich aus dem Graben Wasser, Abfälle und Unrat durften aber nicht hineingeworfen werden. Brach ein Schadenfeuer aus, dann hatten die Bürger rasch das Löschwasser zur Hand. Aus der primitiven Stadtritsche entstand 1879 die moderne Kanalisation. Die alte Ritsche war praktisch und nützlich, sie brachte allerdings den Nachteil mit sich, daß im Frühjahr zur Schneeschmelze die Stadt häufig überflutet war.

Sterzing verdankt hauptsächlich dem Bergbau seinen wirtschaftlichen Aufschwung. Hübsche alte Schilder und prunkvolle Bürgerhäuser mit schönklingenden Namen erinnern an eine Zeit des Wohlstandes und laden zum Verweilen und Betrachten ein. Die ältesten Sterzinger Familiennamen lauten: die Strewn (Straun), die Stummelpekk, die Köchl, die Pölsterl, die Geizkofler, die Jöchl, die Flamm – sie stiegen auf zu angesehenen Wirtsleuten und Weinhändlern, zu einflußreichen Bergrichtern und Gewerken. Viele erhaltene Grabsteine erzählen von jenen Bürgern, gotische Ornamente, Renaissancerahmen, Ausschmückungen mit biblischen Bildern, den Ölberg, den Kreuzgang oder die Beweinung Jesu darstellend, geben den Totenreliquien einen künstlerischen Anstrich.

Hans Jöchl aus Stegen bei Bruneck ließ einen Turm beim Margarethentor bauen, der ursprünglich wohl als Befestigungsanlage gedient haben mag. Um 1475 kam zum turmartigen Mitteltrakt und den zwei niedrigen Seitenflügeln die Peter-und-Pauls-Kirche dazu. Die wertvolle Steinplastik der Maria mit dem Kind zählt zu den hervorragenden frühgotischen Werken Tirols. Die Gottesmutter hält in ihrer Rechten das Szepter, in der Linken das Jesuskind.

Die Jöchl waren ehemals große Gewerken, hauptsächlich am Schneeberg. Der Jöchlsthurn ist seit 1990 Sitz des Landesbergbaumuseums, hier sind Museumsdirektion und -verwaltung untergebracht.

Historische Aufnahme der Heiligengruppe: Madonna mit Kind, rechts außen St. Barbara und St. Ursula, links außen St. Katharina und St. Apollonia.

Kreuztragender Christus, der Hans Multscher zugeschrieben wird.

Die Wildenburg, knapp südlich des Jaufentores an der Hochstraße gelegen und aus ehemals drei Einzelhäusern bestehend, ist ein weiteres Kunstjuwel der Stadt im südlichen Wipptal. Die Wildenburg wechselte häufig die Besitzer: Hieronymus Freienfelder, Paul Storch – Besitzer von Einzelhäusern – Johann von Wild, Johann Georg von Leutner, Anton Weller, um nur einige zu nennen. 1852 kaufte der Färbermeister Josef Rampold zusammen mit seinen Geschwistern den Ansitz, im 20. Jahrhundert kam er in den Besitz der Geschwister Sojer und der Gebrüder Rampold. Die Wildenburg hat über 300 Jahre gut überstanden.

Sterzings Pfarrkirche liegt merkwürdigerweise außerhalb der Stadt. Die ursprüngliche Kirche befand sich vermutlich über alten römischen Gräbern. Der Bau hängt mit der Knappenzeit zusammen und repräsentiert ein enges Gemeinschaftsgefühl mit Sterzings Bürgerschaft. 1417 erfolgte die erste Stiftung für „unser lieben frauen in dem moos" – um 1420 konstruierten die Baumeister Hans und Friedrich Feur das Altarhaus, 1450 begann man mit dem Turm, der später wieder umgestaltet wurde, und im 18. Jahrhundert setzte man die barocke Zwiebelhaube drauf. Mehrere Baumeister wechselten einander ab, die Arbeiten zogen sich schließlich über einige Jahrzehnte hin; sie verzögerten sich auch häufig wegen des sumpfigen Geländes und ungünstiger Witterung. Schließlich mußte man sich nach einem geeigneten Künstler, der den neuen Altar würdig gestalten sollte, umsehen, und die Wahl fiel auf den angesehenen Bürger von Ulm und berühmten Künstler Schwabens Hans Multscher. Im Jahre 1456 nahm dieser den Auftrag der Sterzinger an, der ihn beinahe drei Jahre lang beschäftigen sollte. Multscher folgte in seiner Kunstarbeit dem Trend des Realismus seiner Zeit. Seine Figuren sind nicht nur reine Schönheitsobjekte, sie zeugen von einer nüchternen, ja rationalen Lebensauffassung, ohne übertriebenen Pomp und Gefühlsduselei.

Weithin bekannt sind auch die Flügelgemälde, die einem Mitarbeiter Multschers zugeschrieben werden. Lange Zeit wurden sie in einem Museum am Stadtplatz zur Schau gestellt, heute befindet sich das Multschermuseum neben der Pfarrkirche im Deutschen Haus. Dieses war im 15. und 16. Jahrhundert eines der wichtigsten Einrichtungen für die Pfarrseelsorge, den Unterricht, die Krankenpflege und die Pilgerversorgung.

Während des Zweiten Weltkrieges mußte die Stadt die Tafeln zwangsweise ans Dritte Reich verkaufen, und zwar um angeblich 9 Millionen Lire, als Geburtstagsgeschenk Mussolinis an Hermann Göring. Nach langen Irrfahrten – von Bozen nach Rom und Florenz und wieder zurück – gelangten die kostbaren Tafeln 1959 wieder in die Fuggerstadt. Herausragende Erscheinung der vielen Multscher-Skulpturen ist die Madonnenstatue, die nach Pinder voll „Anmut und Erfahrung, voll ferner Würde und wahrer Verständlichkeit, Königin und Mutter, himmlisch und volkstümlich zugleich, eine neue Vornehmheit, aber nur eine bürgerliche" ist.

Von Forschern, Theologen, Glockengießern, Künstlern, Dichtern und Rebellen

Die Geizkofler waren eine Familie mit hohem Bildungssinn; die Freude am Studieren und der Ehrgeiz nach höherem Wissen bestimmte ihr Dasein. Einige gelangten zu Ansehen und Wohlstand, Hans Geizkofler etwa als Bürgermeister, Baumeister und Vater von 16 Kindern. Unter Kaiser Maximilian I. wurde die Familie in den Adelsstand erhoben. Die Geizkofler von Reifenegg, wie sie sich auch nannten, waren einflußreiche Berater der Fugger und des Tiroler Landesfürsten. Zacharias wurde für seine Verdienste zum Hof- und Pfalzgrafen ernannt, der bereits Geld für die armen Erholungssuchenden im Brennerbad investierte.
Die berühmte Tiroler Gießerfamilie Löffler stammte eigentlich aus Sterzing. Ihr Haus stand in der Nähe der Hl.-Kreuz-Kapelle. Peter Löffler war der berühmte Geschützgießer Kaiser Maximilians I., er war aber auch Künstler, wenn er die bekannten großen Figuren der „Schwarzen Mander" für das Grabmal Kaiser Maximilians in Innsbruck goß.
1778 wurde zu Sterzing Johann Baptist Gänsbacher geboren. Als Komponist wurde er weit über die Tiroler Landesgrenzen hinaus bekannt. Ein Straßenname in der Fuggerstadt erinnert an jene Künstlerpersönlichkeit.
Auch Anton Mitterwurzer muß in diesem Zusammenhang erwähnt werden; schon früh galt er als musikalisches Talent, und mit 16 Jahren war er bereits Musiklehrer. Später avancierte er zum Opernsänger an der Dresdener Hofoper. Seine Heimatstadt hatte er jedoch nie vergessen; immer, wenn es ihm möglich war, suchte er das Städtchen im Wipptal auf.
Paul Dax kann auch als Sterzinger Berühmtheit angeführt werden: Als bekannter Innsbrucker Maler zeichnete er die ersten Karten über Tiroler Ortschaften und Täler, zudem war er einer der ersten Glasmaler.
Ludwig Rapp und Josef Hirn waren Sterzings bedeutendste Geschichtsforscher, die sich vor allem mit der Tiroler Landesgeschichte befaßten und darüber viel publizierten. Eines der Lieblingsthemen für Ludwig Rapp bildeten die Hexenprozesse und die Freimaurer in Tirol, ein Spezialgebiet von Josef Hirn war die Erhebung Tirols von 1809.
Ein Haus in der Neustadt trägt an der Außenfassade bis heute eine Gedenktafel: Hier wurde nämlich im Jahre 1851 Karl Domanig geboren. Der bekannte Dichter setzte sich eifrig für die katholische Idee und die Freiheit Tirols ein. Hervorzuheben ist auch seine Arbeit am Tyroler Kalender für die Jahrgänge 1878–1881, der für die späteren Kalenderformen, auch für „Reimmichls Volkskalender", bahnbrechend war. Als Domanigs bedeutendstes Werk mag die Trilogie „Andreas Hofer, der Sandwirt, eine Episode aus dem Tyroler Freiheitskampfe" gelten. Domanig entwickelte das Tiroler Volksstück, eine neue mundartliche Volksdramatik.

Als Karl Domanig 1913 in Sterzing zu Grabe getragen wurde, folgte dem Trauerzug eine große Menschenmenge. Nach seinem Tod kam die Gesamtausgabe seiner Werke – es waren fünf Bände – heraus. Heute ist des Dichters Name weitgehend in Sterzing vergessen.
Sterzing hatte auch vier Originale aufzuweisen, vier geistliche Brüder namens Baur, die man allgemein „Lodnerbuam" nannte, da ihr Großvater in Sterzing das Lodenhandwerk eingeführt hatte.
Im südlichen Wipptal, vor allem in Sterzing, ist die Kolpingfamilie ein Begriff. Im Todesjahr des großen Sozialdenkers und christlichen Gemeinschaftsförderers Adolph Kolping wurde in der Fuggerstadt die Kolpingfamilie begründet. Das sanierte Kolpinghaus steht inmitten der Neustadt und mag an jenen selbstlosen und freigiebigen Mann erinnern.

Der bekannteste Namen aus dem Wipptal: Michael Gaismair

Der Bauernkrieg gilt historisch als eine Zäsur zwischen dem Ende des Mittelalters und dem Beginn der Neuzeit. Das Rittertum wurde damit zu Grabe getragen, dem neuzeitlich-fortschrittlichen Denken die ersten Gehversuche gestattet.
Wenn man vom bekanntesten Vertreter des Wipptales spricht und damit den aus Tschöfs bei Sterzing stammenden Michael Gaismair meint, dann wird der eine oder andere Leser leicht die Achseln zucken mit der abfälligen Bemerkung: Ein Aufständischer, ein Rebell kann und darf nicht des Wipptals Prominentester sein! Und dennoch ist er es: Sein Name ist weit über die Grenzen hinaus bekannt, in England, in Deutschland, Frankreich, Österreich, Italien und auch in so manchem Staat im Osten Europas ist der Name Gaismair vielen ein Begriff.
Der Stammsitz der Familie ist in Flans zu suchen. Der Vater war Wegmacher der Brennerstraße. Mit dieser Aufgabe war ein Hoflehen am Schelleberg verbunden, so daß Michael seine Jugend zeitweise dort verbracht haben mag.
Michael Gaismair war seiner Zeit politisch um Jahrhunderte voraus. Er dachte an eine republikanische Landesordnung in Tirol, und zwar an eine Republik, die die Interessen des einfachen Menschen zu ihren ersten und obersten Aufgaben erheben sollte. Er schrieb eine Tiroler Landesordnung, die ein politisches Programm und gleichzeitig ein politisch-soziales Manifest ist. Tirols Regierung, trotz aller so oft unterstrichenen „demokratischen" Prägung eine elitäre Einrichtung, die zuvörderst die Anliegen der Oberschichten vertrat und für die Unterschicht kaum, um nicht zu sagen kein Verständnis aufbrachte, sah in Gaismair und seiner revolutionären Bewegung eine drohende Gefahr für den politischen Status im Land. Gewiß, Tirol war ein Land, in dem der Bauernstand ungleich mehr Rechte genoß als in den benachbarten nördlichen Ländern, von den südlichen ganz zu schweigen. Es gab de facto in Tirol keine Leibeigenschaft mehr. Aber dennoch waren Gaismairs Ideen einer Zeit vorgedacht, die sich noch nicht erahnen ließ und denen auch die westlichen Demokraten der Gegenwart noch so manches entnehmen könnten.
Tirols Regierung setzte ein Kopfgeld aus: für den toten Gaismair fünfhundert Gulden, für den lebenden Rebellen tausend Gulden.
Er war nun nicht mehr jener Michael Gaismair, der in bischöflichen Diensten stand; er war nun ein Aufrührer, in Neustift bei Brixen zum obersten Bauernhauptmann gewählt und als solcher für die Regierung höchst gefährlich, ein Rebell, wie er genannt wurde, dem man das

Zeug zutraute, die politische Verfassung zu zerschlagen und eine neue Staatsform zu begründen, die den Privilegierten, oberen Bürgern, Klerus, Adel das Fürchten lehrte; der die gesellschaftlichen Regeln um die halbe Achse zu drehen imstande war.
Seine politischen Forderungen liefen darauf hinaus, das Gerichtswesen neu zu regulieren, Brixen als neue Landeshauptstadt von Tirol zu bestimmen, weil es zentral im Land liege und weil viele Häuser der Geistlichen, die zu vertreiben seien, sodann für die Unterbringung der Behörden geeignet wären. Der Zehent sollte zwar weiterhin geleistet werden, er sollte aber zur Bezahlung der Priester und zum Bau und Betrieb von Armenhäusern verwendet werden, ebenso sollten Klöster und Häuser des Deutschen Ordens zu Armenhäusern und Spitälern

Eine Dorfidylle und -gemeinschaft, die es längst nicht mehr gibt. Tschöfs, oberhalb von Sterzing, wurde durch den Bau der Autobahn ein geteiltes Dorf.

und zu Altersheimen umfunktioniert werden. Der Aufenthalt dort sollte unentgeltlich sein. Alle Zölle innerhalb des Landes sollten abgeschafft werden, der Wucher sollte verboten werden. Die Erzeugnisse sollten gerecht von einem Amtmann verteilt und die eingeführten Produkte zum Selbstkostenpreis verkauft werden. So verlangten es die allgemeinen politischen Schwerpunkte des Programms. Sie reichten aus, Gaismair völlig zu verfemen, ja ihn von seiten der Obrigkeit verbrecherisch anzufeinden. Gaismair mußte das Land Tirol fluchtartig verlassen. Vom Ausland aus wollte er die Revolution in Tirol inszenieren und leiten. Sein

Exil fand er in Venedig, wo er im Dogen einen Gleichgesinnten antraf, denn dieser suchte wiederum Verbündete gegen das Haus Habsburg.

Die Kopfprämie auf Gaismair aber hatte sich herumgesprochen, und um des Geldes willen schreckt manch einer auch vor Mord nicht zurück. Ein Mitarbeiter Gaismairs ließ sich dazu verleiten, mit zwei Kumpanen den politischsten aller Tiroler Bauernrebellen am 15. April 1533 in Padua brutal zu ermorden – es war ein Mord aus Staatsräson – ging es den Mördern auch um das Geld, die Kopfprämie war ausgesetzt, um einen Staatsfeind zu vernichten.

Was der Kult des persischen Lichtgottes Mithras mit Mauls zu tun hat

Rückblende in eine Zeit im Orient, als es galt, dem Schicksal zu gehorchen. Persien, lange vor unserer Zeitrechnung: Mithras wird als Gott des Himmelslichtes und der Wahrheit verehrt, er hat die Macht, gegen die Geister der Finsternis zu kämpfen, nicht immer trägt er den Sieg davon, aber allein schon sein Mut der Herausforderung verleiht ihm göttliches Charisma. So wird er zum Schutzgeist, den die Könige im Land der tapferen Krieger, in dem viele Religionen einander bekämpfen, in dem es stets um den Sieg des Lichts gegen die Finsternis geht.

Mithras gewann an Anhänger, denn das Gebet zu ihm half mehr Menschen als die Bitten zu anderen Gottheiten. Kaufleute und Händler, Soldaten und Vaganten brachten die Kunde von seiner Allmacht in andere Länder, bis gen Rom drang die Botschaft von Mithras vor. In den Grenzgebieten des römischen Imperiums, dort, wo zumeist mehrere Weltanschauungen aufeinanderstießen, etablierte sich der uralte persische Kult rasch. Die Menschen sehnten sich nach Erlösung aus den Zwängen der irdischen Existenzbedrohung. Vor allem bei der breiten Masse des Volkes traf Mithras auf einen fruchtbaren Boden. Aber auch Dichter, Gelehrte und Kaiser sympathisierten mit ihm und erklärten ihn zu ihrer Gottheit, denn Mithras lehrte auch die Legitimation der Herrschermacht, die ohne Zweifel göttlichen Ursprungs sei. Das gefiel den römischen Imperatoren, die ohnehin kein Maß der Macht kannten, die nie genug vom Blut niedergestreckter Menschen sehen konnten und die selbst ja auch göttlich sein wollten.

Mit der Zeit gewann der Mithraizismus derart viele Anhänger, daß der Kult um ein Haar zur römischen Staatsreligion erklärt worden wäre, und das zu einer Zeit, als die Lehre Christi sich mit Erfolg verbreitete. Mithras war ein echter Rivale des Christentums, nicht nur weil auch dieser Kult von Osten her kam, sondern weil er mehrere Gemeinsamkeiten mit der Lehre Christi aufwies und nicht zuletzt auch Sakramente verlieh. In der Geschichte gibt es kein Wenn und Wäre, aber dennoch: Wenn Konstantin nicht zum christlichen Glauben übergetreten wäre, dann …

Die Anhänger des Mithras trafen sich in Höhlen oder in Erdschächten, in denen der Kult gefeiert wurde. Der Ursprung aller Dinge und die höchste Gottheit überhaupt sei die unendliche Zeit – so sprach die Priesterschaft des Mithras. In der unendlichen Zeit liege das Schicksal, das viele Gottheiten, kosmischen Ursprungs hervorbringe – das Meer, den Himmel, die Erde. Diesen entstammten andere Gottheiten des Lichts, denen die Dämonen der Finsternis gegenüberstehen. Einmal, zu Anfang, versuchten sie das Reich des Lichts zu erstürmen, wurden aber von den Guten in die Unterwelt verstoßen. Seitdem herrschen sie dort und beeinflussen das Geschehen auf der Welt. Vor allem Naturveränderungen haben bei ihnen ihren Ursprung. Das wußten auch die alten Römer, weshalb sie die Dämonen durch Opfer gütig stimmen wollten.

Im Jahre 1589 wurde auf dem Gebirgspaß in Richtung Sterzing, also im Himmelreich, einer Schlucht, ein Mithrasrelief gefunden, später, 1797 nach Innsbruck und danach nach Wien gebracht. Der Fund beweist, daß das Römertum zur Zeit des Mithraskultes in diesem Raum, und somit im Wipptal, verbreitet war. In diesem Zusammenhang hat die Frage Berechtigung, ob es in der Nähe von Mauls Menschen gab, die Mithras huldigten und vielleicht auch dessen Lehren predigten und verbreiteten.

Die alte, noch nicht asphaltierte Brennerstraße durch Mauls führte am alten Bauern- und Fuhrmannswirtshaus „Zum blauen Hecht" vorbei.

Die ältesten Quellen nennen zwei Fundstellen: Einmal soll der Altarstein auf dem Schneeberg gefunden worden sein, zum anderen, nach dem Tiroler Almanach, sei er, wie oben erwähnt, „auf einer der höchsten Bergspitzen, zwischen Sterzing und Mauls, zwischen Klippen durch Hirten entdeckt worden". Letzterer Hinweis dürfte der Wahrheit entsprechen, denn das Relief wurde zuerst im Zollhaus von Mauls eingemauert, bis es später bis nach Wien kam; heute ist der römische Mithrasstein aus Mauls im Sterzinger Rathaus. Das Relief stellt Mithras und ein mystisches Stieropfer dar. Es ist im Detail nicht ausgearbeitet, denn dem Bildhauer ging es wohl besonders um den religiösen Gehalt und nicht um ein künstlerisches Werk. Der Maulser Kultstein ist so religionsgeschichtlich von Bedeutung. Die Steinplatte ist 1,20 Meter hoch und 1,50 Meter breit. Im Zentrum steht die Tiertötung durch Mithras, jener Gottheit, die zwischen Gut und Böse vermitteln und den Menschen den rechten Weg weisen soll. Die Höhle, in der das Geschehen spielt, symbolisiert die Welt. Das Relief ist eine gelungene Versinnbildlichung des antiken Kults – alles ist eine Einheit: Mithras, Stier, das Todesschwert, die Natur spielt durch Raben, Hund, Schlange und Skorpion mit hinein; und dann die beiden Gehilfen von Mithras: So sind drei Personen auf dem Relief Symbol eines dreieinigen Gottes, Symbol für das Licht des Morgens, des Mittags und des Abends. Der Eber rechts über der Höhle und die kleineren Szenen am Rande des tatsächlichen Geschehens runden das Relief ab, indem sie aus der Mithraslegende erzählen. Wie schon angedeutet: All diese Szenen – insgesamt sind es 13 – und das zentrale Geschehen sind kein Werk eines großen Meisters, dafür aber ist der Inhalt mystisch-religionsphilosophisch von besonderer Bedeutung, und von ganz besonderem Interesse ist die Tatsache, daß der Mithrasstein bei Mauls gefunden wurde – wie immer man dies auch zu erklären versucht: der persischen Gottheit Mithras wurde, wie auch eine im mittleren Eisacktal aufgefundene Inschrift bezeugt, in der Gegend um Mauls gehuldigt.

Ein Barockbildhauer aus Stilfes

Barocke Kunst ist Phantasiekunst, und Phantasie ist individuell, solche Kunst sucht die Quintessenz zwischen Form und Kraft, zwischen Erscheinung und Wesen. Der Künstler des Barock ist stets auf der Suche nach neuen Schwingungen, nach einer vollendeten Form. Gleich dem Dichter ist er ein Erzähler im Reich der Kunst der Phantasie. Den Künstler kennzeichnet ein heiteres Wesen, eine positive Weltanschauung, ein Gegner der klassischen Vernunft, ein Feind des Rationalismus. Insofern verwundert es nicht, daß die Kunst des Barock lange Zeit, auch in Tirol, verkannt blieb. Und noch heute begegnet so mancher kritische Eigenbrötler dieser weltbejahenden Kunst mit Hohn und Spott. Auch in Tirol wandte man sich eine Zeitlang von dieser Kunst ab, wenngleich das Land viele bemerkenswerte Zeugnisse aufweist und einige große Namen hervorbrachte.
Jeder Stilfer kennt den Pergerhof in der Mitte des Ortes. Es ist allgemein anzunehmen, daß auf diesen Anwesen der spätere Barockbildhauer Johann Perger im Jahre 1729 geboren wurde. Wie schon mehrmals darauf verwiesen, war die Urpfarre Stilfes im Wipptal lange Zeit Sitz eines Dekans und somit ein kirchliches Zentrum, eine kleine Metropole in diesem Teil des südlichen Wipptals. Der Vater wird ein Bauer gewesen sein. In der Familie wurde zudem das Tischlerhandwerk ausgeübt.
Johann verdiente alsbald einiges Geld mit der Bildhauerei, während sein Bruder Anton, der den Hof erbte und Bauer war, eher bescheiden lebte und nicht imstande war, Johann den väterlichen Erbteil auszuzahlen, im Gegenteil: Johann mußte für ihn sogar eine Schuld begleichen, so daß er zum Gläubiger seines Bruders wurde.
In St. Martin in Passeier, in einer improvisierten Kunstschule auf dem Lande, erlernte er erste Skulpturhandgriffe und fand Zugang zur Kunst der Bildhauerei. Dann führte ihn der Weg nach Augsburg. Er befaßte sich schon eingehend mit Kirchenausstattungen in

Tirol. In Steinach am Brenner richtete Perger eine Werkstatt ein. Hier fertigte er die gesamte Kirchenausstattung für Ridnaun und einzelne Schnitzereien für die Kirchen Schmirn, Obernberg und Tiezens.

Johann Perger war auf der Suche nach Perfektion und wünschte sich einen akademischen Titel. Dies bedeutete, daß er nach Wien, in die Hauptstadt der Monarchie, ziehen mußte. Zwei Jahre blieb er in der Stadt mit dem imposanten Stephansdom. 1769 kehrte er nach Tirol zurück, wo er sein umfangreiches Schaffen als Academicus Viennensis fortsetzte, bis ihn 1774 der Tod ereilte. Zu seinen krönenden Werken zählen sein Entwurf für den Hochaltar der Pfarrkiche von Brixen und die beiden Engel neben Tabernakel und Hochaltar – der Altar wurde nie vollendet. Pergers Hand war auch bei den drei Altären in Neustift im Stubai mit im Spiel. Sein letztes Werk sind die Seitenaltäre und der Tabernakel in der Toblacher Pfarrkirche und der Schutzengel von Niederdorf.

Johann Perger zählt zu den bedeutenden Künstlern Tirols des Spätbarocks. Der Vintler Kunsthistoriker Karl Gruber, der über Johann Perger eine Studie vorlegte, meint, er sei der „bedeutendste Vertreter der spätbarocken Plastik" in Tirol gewesen, und als solcher hat er zweifelsohne auch zu gelten, ungeachtet dessen, wer auf ihn eingewirkt hat und wie weit er bereits in die neue Richtung des Klassizismus einwirkte. Wer Pergers Skulpturen sieht und sich damit auseinandersetzt, wird beeindruckt sein von der künstlerischen Gestaltungskraft dieses Stilfer Bildhauers.

Zu den schönsten Seitentälern der Sterzinger Umgebung zählt das Pflerschtal, das von einer imposanten Gebirgskette umgeben ist. Die Kalkwände des Tribulauns stechen dabei deutlich hervor. Das Tal mag sehr früh besiedelt gewesen sein, später wurde hier tüchtig nach Erz geschürft. Alte Höfe stehen in den einzelnen Dörfern und Weilern – harmonisches Landleben in St. Anton.

Aspekte der Wirtschaft

Die Arbeit auf den steilen Hängen, zwischen den Kartoffelschollen, bedeutet immer noch viel Plackerei und Mühsal.

Sieht man einmal von der wirtschaftlichen Bedeutung der Brennerstraße seit den alten Zeiten bis heute ab, ebenso von der Brennerbahn und der noch jungen Autobahn, so ist das Wipptal von seiner Nutzungsfläche her bis heute weitgehend ländlich geblieben. Es kann von Landgemeinden von Franzensfeste bis nach Matrei gesprochen werden. Der Großteil der Bevölkerung lebte noch bis vor kurzem von der Viehzucht, und die vielen Ortschaften des Tales hatten den typischen Charakter von Bauerndörfern. Bis hinauf zu den Steilhängen bearbeiten die Bergbauern die oft schon kargen Hänge, und große Teile von den reichen Almgegenden werden noch genutzt, indem im Sommer das Vieh bis hinauf in die Berge getrieben oder dort das Bergheu gemäht wird.

Aus der Milchwirtschaft der Bauern entstanden rationelle Unternehmen der Sennereigenossenschaft zur Verarbeitung der Frischmilch aus den Gemeinden. Auf die Bedeutung des Fremdenverkehrs für beide Seiten des Wipptales ist schon mehrmals verwiesen worden. Dieser Erwerbszweig beschäftigt heute direkt oder indirekt weit mehr Menschen, als noch vor wenigen Jahren angenommen werden konnte. Das Wipptal verfügt über die natürlichen Voraussetzungen, über das gesamte Jahr hindurch Gäste aus dem Ausland – seit kurzem auch aus Italien – anzuziehen und entsprechend zu begeistern. Die Landschaft hat davon allerdings keine Vorteile gewonnen. Im Gegenteil: Der zum Massentourismus, vor allem in bevorzugten Skigebieten im Winter und in klimatisch angenehmen Hochsommermonaten angestiegene Fremdenverkehr stellt da und dort die Natur vor eine ernstzunehmende Herausforderung. Das heißt nun nicht, daß die Gäste mit Absicht Eingriffe in die Natur vornehmen, vielmehr erfolgt die Bedrohung durch die Einheimischen, die natürliche Landschaft der touristischen Attraktivität opfern, wobei die weitbetriebene Verbauung zum Problem wird. Es ist, um es einmal salopp auszudrücken, noch nicht der richtige Schlüssel zwischen dem Konsum durch den Tourismus und der notwendigen Naturbelassenheit gefunden worden, wenngleich wirklich nennenswerte Bemühungen dazu im Gange sind.

Es ist hier nicht möglich, detailliert auf die Seilbahnen des Wipptales einzugehen. Einzig auf die Roßkopf-Seilbahn, die von der Talstation in Sterzing-Maibad hinaufführt bis unter das Köpfl des Sterzinger Hausberges, soll kurz verwiesen werden. Provisorisch wurde sie Anfang April 1966 in Betrieb genommen. Seitdem werden winters Skifahrer aus nah und fern, sommers Wanderer und Almliebhaber erwartet. Eine neue wirtschaftliche Epoche, wie bei Inbetriebnahme angenommen wurde, trat für Sterzing mit dieser Erschließung nicht ein, und beim Ausbau des Skigeländes wurden bis heute die Grenzen eingehalten. Sterzing ist mehr am Durchzugstourismus orientiert, wenn auch durch die Roßkopf-Seilbahn der Skitourismus erheblich in Schwung kam.

Die Firma Leitner aus Sterzing besorgte schon damals die technischen Anlagen wie auch später eine neue gründliche Revision. Dieses Unternehmen, das jetzt zum Teil auch Seeber heißt, hat im Wipptal eine echte wirtschaftliche Tradition. Es erkennt seit nunmehr über hundert Jahren rechtzeitig die Zeichen der Zeit und setzt konsequent die pragmatisch notwendigen Akzente. Der Begründer des Unternehmens, Gabriel Leitner, geboren 1857 in Sterzing, zeigte schon als Jugendlicher viel technisches Gespür. Der aus Wien zurückgekehrte ausgebildete Feinmechaniker fand zuerst eine Beschäftigung als Werksmechaniker in der damals florierenden Sterzinger Marmorindustrie. Am Mühlkanal in Gries, wo heute das Verwaltungsgebäude steht, setzte Gabriel Leitner die ersten selbständigen Akzente – das heutige Unternehmen feierte deshalb 1988 das hundertjährige Gründungsjubiläum. Inzwischen ist aus dem Handwerksbetrieb ein international gefragtes und vielbeschäftigtes Industrieunternehmen geworden mit Niederlassungen oder Vertragspartnern in über 20 Ländern der Erde.

Wie erwähnt, ist das Wipptal nicht nur im Sommer besonders attraktiv für Gäste. Wintersportzentren finden sich nun in vielen Gemeinden, wobei die mitunter langgezogenen Ebenen einiger Seitentäler besonders Langläufer anziehen – eine Wintersportart, die im Grunde besser in die Landschaft integriert werden kann als der Pistenskilauf, der den Bergen für den

Die Almmähder stehen in voller Blüte da.
Der Sommer ist auch am Oberberg eingezogen.

Bauernhof in Ridnaun

Heuernte im Hochgebirge – schweißtreibende Handarbeit, fast wie eh und je.

Rückblick: Die plätschernden Fluten der Sill.

Bau von Liften und Umlaufbahnen mehr Natürlichkeit abringt. Ein Paradies für Langläufer ist nicht nur das Pfitschtal oder das Ridnauntal, sondern auf der nördlichen Seite des Brenners das Gschnitztal, um nur eine Gegend zu nennen.

Um das Bild des gesamten Wipptales wirtschaftlich abzurunden, muß festgestellt werden, daß überall Entwicklung stattfindet, überall gearbeitet wird und überall ein gestaltender Geist wirkt und daß vielen auch bewußt ist, daß Verändern auch Verantworten heißt. Die Ansprüche der Bevölkerung sind gewachsen, und der Wohlstand bedroht zwar die Einheimischen in ihren ethischen und moralischen Wertvorstellungen und Verhalten, dennoch konnte dem Großteil der Bevölkerung die Wurzel der Heimatverbundenheit nicht vollends abgestumpft werden.

Das Ziel für die Zukunft muß es sein, den vertretbaren Mittelweg zwischen der Welt aus menschlichem Verstand und dem traditionsreichen Landbau, Handwerk und Industrie und den touristischen Herausforderungen zu finden; der derzeitige Trend wird dann als Phase des Übergangs gelten, die Zielsetzung wird aber auf das Wohlergehen der Menschen gerichtet sein, und zwar nicht nur in materieller Hinsicht, sondern gleichwertig auch mit familiärer, heimatbewußter, moralischer, gemeinschaftlicher und traditionsbewußter Betonung.

Literatur

Aberle, A.: Wie's früher war in Tirol, Rosenheim 1975.

Achammer, H.: Ratschings – Bevölkerung und Wirtschaft (phil. Diss.), Innsbruck 1969.

Arch, R.: Die Sterzinger Fastnachtspiele Vigil Rabers (phil. Diss.), Innsbruck 1948.

Auckenthaler, E.: Geschichte der Höfe und Familien von Ratschings und Jaufental (Schlern-Schriften, Nr. 174), Innsbruck–München 1970.

Ders.: Geschichte der Höfe und Familien von Mittewald und Mauls (Schlern-Schriften, Nr. 122), Innsbruck 1955.

Ders.: Geschichte der Höfe und Familien des obersten Eisacktals (Schlern-Schriften, Nr. 96), Innsbruck 1953.

Ders.: Geschichte der Höfe und Familien von Mareit und Ridnaun (Schlern-Schriften, Nr. 121), Innsbruck 1954.

Ders.: Zur Heimatkunde von Pflersch, in: Der Schlern, 2. Jg., 1924, S. 214–222.

Beimfeldner, K.: Motive der Malereien an den Häusern des Wipptales (Schlern-Schriften, Nr. 237), Innsbruck 1964, S. 123–140.

Bolz, R.: Die Brennerautobahn, Bedeutung für Südtirol. (Beiträge zur alpenländischen Wirtschafts- und Sozialforschung, Folge 29), Innsbruck 1968.

Dengg, M.: Die Verkehrsgeschichte der Brennerstraße (phil. Diss.), Innsbruck 1963.

Die Brennerstraße, Jahrbuch des Südtiroler Kulturinstitutes (Hg.), Bozen 1961.

Dollinger, I.: Tiroler Wallfahrtsbuch, Innsbruck–Wien–München–Bozen 1982.

Dörrer, K.: Die Höfe von Pfitsch (Schlern-Schriften, Nr. 207), Innsbruck 1959, S. 87–106.

Egg, E.: Kunst in Tirol, Innsbruck 1973.

Egger, A.: Vorgeschichtliches vom Sterzinger Talbecken, in: Der Schlern, 18. Jg., 1937, S. 79f.

Ennemoser, G.: Gossensaß, Brenner, Pflersch, Bozen 1984.

Falk, A.: Ein Gang der Sill entlang, in: „Volksbote", 16. Jänner 1975, S. 6.

Fink, H.: Eisacktaler Sagen, Bräuche und Ausdrücke (Schlern-Schriften, Nr. 164), Innsbruck 1957.

Ders.: Verzaubertes Land. Volkskult und Ahnenbrauch in Südtirol, Innsbruck–Wien 1983.

Finsterwalder, K.: Ortsnamen und Schicksale der deutschen Sprache im Wipp- und Eisacktal (Sonderdruck aus: Jahrbuch des Südtiroler Kulturinstitutes, Bd. 1, „Die Brennerstraße"), o. O., o. J.

Ders.: Tiroler Ortsnamenkunde, Bd. 1, Forschungen zur Rechts- und Kulturgeschichte, Bd. 15 (Schlern-Schriften, Nr. 285), Innsbruck 1990.

Fischnaler, C.: Sterzing am Eisack, Innsbruck 1883.

Fliri, F.: Das Klima der Alpen im Raum Tirol, Innsbruck 1975.

Fontana, J. (Hg.): Geschichte des Landes Tirol, 4 Bde., Bozen–Innsbruck–Wien 1985 ff.

Forcher, M.: Bayern-Tirol, Wien–Freiburg–Basel 1981.

Frass, H., Riedl, F. H.: Historische Gaststätten in Tirol, 2. Auflage, Bozen 1978.

Freiberger, F.: Maria Trens (Kleine Kunstführer, Nr. 708), München 1959.

Fröhlich, H.: Die Einkommensverhältnisse der Landwirtschaft im Wipptal. (Beiträge zur alpenländischen Wirtschafts- und Sozialforschung, Folge 9), Innsbruck 1968.

Führer durch das Wipptal und Seitentäler, hg. v. den Wipptaler Verkehrsvereinen, Innsbruck 1933.

Goethe, J. W.: Tagebuch der italienischen Reise 1786, hg. v. Ch. Michel, Frankfurt/M. 1976.

Gröbner, M.: Alte Sagen von Gossensaß und Umgebung, in: Der Schlern, 2. Jg., 1921, 15. Heft.

Gruber, K.: Der Barockbildhauer Johann Perger aus Stilfes (phil. Diss.), München 1972.

Gschwenter, A., Kofler, O.: Das Sterzinger Moos, seine Entsumpfung und Kultivierung, in: Der Schlern, 8. Jg., 1927, 8. Heft, S. 256–266.

Hackelsberger, Ch.: Die k. k. Franzensfeste, München–Berlin 1986.

Handbuch für Reisende – Das Land Tirol, Innsbruck 1838.

Haider, F.: Tiroler Brauch im Jahreslauf, Innsbruck–Wien–Bozen, 2. Auflage, 1985.

Haller-Martin, C.: Pfeifer Huisele (An der Etsch und im Gebirge, Nr. 33), Brixen 1983.

Hammer, H.: Die Kunst des Wipptales (Veröffentlichungen des Museum Ferdinandeum, Nr. 18), Innsbruck 1938, S. 1–43.

Heine, H.: Werkausgabe im Taschenbuch, ausgewählt und herausgegeben von M. Greiner, 3. Bd., Köln o. J.

Heuberger, R.: Die Römerstraße von Vipitenum nach Veldidena (Tiroler Heimatblätter, Nr. 8), Innsbruck 1930, S. 135–139.

Ders.: Anwohner, Bedeutung und Name des späteiszeitlichen Brennerweges (Veröffentlichung des Museum Ferdinandeum, Nr. 26–29), Innsbruck 1946/49, S. 229–259.

Holzmann, H.: Heuziehen in Tirol. Am Beispiel des Brennergebietes (Tiroler Heimat, Nr. 20), Innsbruck 1956, S. 63–85.

Ders.: Pfeifer Huisele. Der Tiroler Faust, Innsbruck 1954.

Ders.: Wipptaler Heimatsagen, Wien 1968.

Hoppe, A.: Die Gnadenstätte Maria Trens in Tirol (Separatdruck aus dem Werke „Des Österreichers Wallfahrtsorte"), Maria Trens 1913.

Huter, F.: Der Siedlungsausbau in Mittelalter und Neuzeit, in: Südtirol. Eine Frage des europäischen Gewissens, hg. von F. Huter, Wien 1965, S. 9–18.

Ders.: Handbuch der historischen Stätten Österreichs, Bd.2. (Alpenländer mit Südtirol), Stuttgart 1978.

Ilg, K.: Die Siedlungs-, Haus- und Hofformen dies- und jenseits des Brenners (in: Die Brennerstraße, siehe), S. 311–326.

Kantner, J.: Die Wipptaler Landwirtschaft und die Brennerautobahn. (Beiträge zur alpenländischen Wirtschafts- und Sozialforschung, Folge 156), Innsbruck 1972.

Kinzl, H.: Das Klima Südtirols. Ein Beitrag zur Reisepsychologie (in: Jahrbuch des Österreichischen Alpenvereins – Alpenvereinszeitschrift, Nr. 74), 1949, S. 89–93.

Klebelsberg, R.: Geologie von Tirol, Berlin 1935.

Knoflach, H.: Die Brennerautobahn und ihre internationale Bedeutung (in: 100 Jahre Brennerbahn, Festschrift der Österreichischen Bundesbahn), Innsbruck 1967, S. 92f.

Kramer, H.: Beiträge zu einer Chronik aus Mauls und Umgebung, in: Der Schlern, Bozen 1964, S. 155 ff.

Ders.: Beiträge zur Kultur- und Wirtschaftsgeschichte von Steinach, in: Veröffentlichungen des Tiroler Landesmuseum Ferdinandeum, Bd. 54, Jg. 1974, Innsbruck, S. 155 ff.

Ders.: Sterzing im Wandel seiner 700 Jahre, in: „Dort unter dem hohen Turme...", Sterzing 1982.

Leitner, W.: Erzherzog Johann, Generaldirektor des Genie- und Fortifikationswesens (1801–1849), phil. Diss., Graz 1949.

Macek, J.: Der Tiroler Bauernkrieg und Michael Gaismair, Prag 1960, dt. Ausgabe von R. F. Schmiedt, Berlin 1965.

Menara, H.: Südtiroler Urwege, Bozen 1980.

Mittermaier, K., Wild, C.: Eisacktal, Bozen 1989.

Mutschlechner, G.: Der Bergbau Schneeberg anno 1776, in: Der Schlern, 60. Jg., 1986, Heft 4, S. 210–213.

Noè, H. v.: Gossensaß. Blätter der Erinnerung an die Gletscherwelt Tirols, Meran 1888.

Otte, W.: Die Brenner-Autobahn. (Beiträge zur Wirtschafts- und Sozialforschung, Folge 71), Innsbruck 1969.

Rasmo, N.: Der Multscher Altar in Sterzing, Bozen 1963.

Rampold, J.: Eisacktal. Landschaft zwischen Firn und Reben, Bozen 1981.

Schadelbauer, K.: Sterzing bis zum Jahre 1363, in: Der Schlern, 1963, S.292.

Ders.: Das Gossensasser Bachmandl – Zu Henrik Ibsens 100. Geburtstag, in: Der Schlern, Bozen 1928, S. 186 ff.

Schuhladen, H.: Vigil Raber und die Tiroler Fastnachtspiele, in: Deutsche Vierteljahrsschrift für Literaturwissenschaft und Geistesgeschichte, 51. Jg., Heft 3, 1977, S. 396 ff.

Schwarz-Reinthaler, E.: Die Jaufenstraße, Innsbruck 1914.

Sölch, J.: Die Brennergrenze eine „natürliche" Grenze? (in: Tiroler Heimat, Nr. 5/6), Innsbruck 1924, S. 58–96.

Sparber, A.: Die Quartinusurkunde von 827–828 (Schlern-Schriften, Nr.12), Innsbruck 1927, S. 176 ff.

Staffler, J. J.: Tirol und Vorarlberg, 5 Bde., Innsbruck 1839 ff.

Stolz, O.: Die Schwaighöfe in Tirol. Ein Beitrag zur Siedlungs- und Wirtschaftsgeschichte der Hochalpentäler (Wissenschaftliche Veröffentlichungen des Deutschen und Österreichischen Alpenvereins, Nr. 5), Innsbruck 1930.

Ders.: Geschichte des Zollwesens, Verkehrs und Handels in Tirol und Vorarlberg von den Anfängen bis ins XX. Jahrhundert (Schlern-Schriften, Bd. 108), Innsbruck 1953.

Ders.: Politisch-Historische Landesbeschreibung von Tirol (Archiv für österreichische Geschichte, Bd. 107), Innsbruck 1923.

Ders.: Verkehrsgeschichte des Jaufen (Schlern-Schriften, Nr. 12), S. 127–175.

Stürz, P.: Der Wallfahrtsort Maria Trens (Sonderdruck aus der Zeitschrift „Südtirol in Wort und Bild", Nr. 1), München 1978.

Thaler, F.: Tirol vom Brenner zum Karwendel, Innsbruck–Wien 1984.

Theil, E.: Burg Reifenstein bei Sterzing (Laurin Kunstführer, Nr. 27), Bozen 1975.

Tolpeit, W.: Geschichtliches über den Gasthof zur Sachsenklemme bei Grasstein, in: Der Schlern, 60. Jg., 1986, Heft 7, S. 389–392.

Trapp, O.: Tiroler Burgenbuch, 3. Bd. (Wipptal), Bozen–Innsbruck–Wien 1974.

Tripps, M.: Hans Multscher, Weißenhorn 1969.

Tumler, F.: Das Land Südtirol, München 1984.

Voelckel, H. M.: Die Einsiedler von Sterzing, Brixen 1986.

Ders.: Schneeberg – 800 Jahre Bergbau zwischen Ridnaun und Passeier, Bozen 1989.

Volgger, F.: Beiträge zur Siedlungs- und Wirtschaftsgeschichte von Ridnaun (phil. Diss.), Innsbruck 1939.

Weber, B.: Das Land Tirol, Bd. I, II, III, Innsbruck 1838.

Ders.: Denkbuch der Erbhuldigung in Tirol, Innsbruck 1838.

Weingartner, J.: Die Kunstdenkmäler Südtirols, I. Bd., Innsbruck 1977.

Ders.: Tiroler Burgenkunde, Innsbruck–Wien 1950.

Wopfner, H.: Die Besiedlung unserer Hochgebirgstäler. Dargestellt an der Siedlungsgeschichte der Brennergegend (Zeitschrift des Deutschen und österreichischen Alpenvereins), 1920, S. 26–86.

Ders.: Über Hausformen des Wipptales (Schlern-Schriften, Bd. 12), Innsbruck 1927, S. 12–30.

Wörndle, H. v.: Markt Gossensaß, Gossensaß 1908.

Zwanowetz, G.: Das Straßenwesen Tirols, Innsbruck 1986.

Ders.: Die Anfänge der Tiroler Eisenbahngeschichte. Ein Beitrag zur Verkehrs- und Wirtschaftsgeschichte Österreichs in den Jahren 1835–1859 (Tiroler Wirtschaftsstudien, Nr. 12), Innsbruck 1962.

Ders.: Zur Entstehungsgeschichte der Brennerbahn, in: Beiträge zur Geschichte Tirols, Innsbruck 1972, S. 269–298.

Für eine besondere detaillierte Beschäftigung mit Wipptaler Themen seien hier Werke genannt, die ebenso eine gute Weiterführung in Form von Literaturverweisen ermöglichen wie sie schon aufgrund ihrer fundierten Ausführungen zu den Standardwerken für das Wipptal zu zählen sind:

Hugo Penz, Das Wipptal (Tiroler Wirtschaftsstudien, Nr. 27), Innsbruck–München 1972.

Sterzinger Heimatbuch, zusammengestellt von A. Sparber (Schlern-Schriften, Nr. 232), Innsbruck 1965.

Wipptal-Heft, Sonderdruck „Der Schlern", Nr. 9, 1970.

Verwiesen sei in diesem Zusammenhang auf die Monatszeitschrift für Südtiroler Landeskunde: „Der Schlern", die eine Fülle von hochinteressanten Beiträgen enthält, man vergleiche dazu das „Schlern-Register" und schlage insbesondere unter den einzelnen Orts- und Familiennamen nach. Hervorgehoben sei hier, neben dem bereits erwähnten „Wipptal-Heft", lediglich das Heft 8/9, 53. Jg., 1979, mit dem Thema: Urkundliches aus Mareit und Ridnaun.

Register

Adria 20
Afens 123
Aicha 28 f.
Ala 29
Albert III. 81
Albert von Tirol 120
Albino Kardinal Luciani 36
Alpen 69, 76, 84
Alrieß 77
Anich, Peter 42
Anton 144
Aphrodite 40
Arostages 34
Arztalbach 76
Atscher 50
Auersberg 73
Aufenstein 72
Augsburg 20, 48, 50, 12, 144
Augsburger 53
Avanzin, Franz Antoni von 53

Bajuwaren 12
Baltikum 12
Barbara 49
Bardach, Emilie 80
Baron von Kübeck 20
Baur 140
Bayern 32, 57, 84
Berg Isel 57
Bernhard II. 28
Bertold I. 77
Bertold von Brixen 81
Bischof Adalbert von Utrecht 13
Blasius Hueber 42
Bozen 21, 29, 32, 36, 138
Brecht, Bertold 133
Brenner 9 ff., 16, 19 ff., 23 ff., 32, 46, 52, 54, 57, 64, 72 f., 77, 80, 84 f., 128, 145, 152
Brennerbad 24 f., 139
Breonen 11 f.
Brixen 10, 28, 32, 35 f., 53, 56, 61, 78, 81, 86, 121, 132, 140 f., 145
Brixner 10
Brixner Klause 26, 29
Bruneck 137

Cusanus, Nikolaus 132
Cusanus, Nikolaus 33

Dax, Paul 139
Deutscher Bund 26
Deutschland 29, 140
Dietmar 120
Dietrich von Bern 82
Dismas 122
Dolomiten 34
Domanig, Karl 139 f.
Donau 84
Dreibund 29
Dresdener 139
Dürer, Albrecht 13, 16,

Eck 16
Egerland 84
Eisack 9, 12 f, 16, 29, 57, 83, 85, 128
Eisacktal 10, 12, 16, 29, 36, 114, 144
Elzenbaum 98
England 140
Enno von Brixen 16
Erzherzog Johann 16, 26, 28
Erzherzog Leopold 35
Erzherzog Sigmund 56
Eschenloh, Grafen von 77
Etrusker 128
Etsch 85
Etzel 12
Europa 32, 46, 104, 132, 140

Fabian, Peter 52
Falk, Alois 64
Fastnauer, Maria 120
Feur, Friedrich 138

Fink, Hans 97
Fischnaler, Konrad 132
Flading 100
Flains 128
Flamm 53, 136
Flans 12, 38, 40, 140
Florenz 138
Florian 32
Frankreich 29, 32, 140
Franz 26
Franz I. 28
Franz Joseph I. 78, 80
Franzensfeste 26, 29, 128, 148
Franzosen 16
Freienfeld 36, 40
Freienfelder, Hieronymus 138
Freimaurer 139
Friedrich I. 13
Friedrich II. 13
Friedrich IV. mit der leeren Tasche 13
Friedrich zu Österreich 78
Fugger 48, 50, 53, 81, 139
Fugger, Jakob 48, 56

Gadertal 34
Gaismair, Michael 140 ff.
Gänsbacher, Johann Baptist 139
Gänsbichl 12
Gasteig 16, 19, 47, 56, 96, 112, 114, 120 ff.
Geizkofler 38, 53, 136, 139
Geizkofler, Hans 139
Geizkofler, Ulrich 23
Genaunen 12
Genua 28
Gigglberg 77
Gigglhof 12
Gilfenklamm 120
Goethe, Johann Wolfgang von 24, 85 f., 86, 101
Göring, Hermann 138
Görz 32

Gossensaß 12, 16, 20, 42, 45, 48 ff., 52, 64, 77 f., 80 ff., 93, 96
Gost 18
Goten 77
Graf Albert 114
Grasstein 48, 56
Gries 60, 64, 72 f., 149
Gries/Vinaders 60
Griesberger Almen 57
Gröbmer 38
Gröbner, Leopold 80
Gröbner, Ludwig 80
Gröbner, Marie 80
Gruben 108
Gruber, Karl 145
Gschnitz 72
Gschnitztal 72, 152
Gufidaun 122

Habsburg 13, 142
Haidegger, Mathias 121
Haider, Friedrich 92, 96
Hall 56
Hammer, Heinrich 72
Hans 138
Hans von Bruneck 135
Heine, Heinrich 86 ff.
Heinrich 32, 114
Heinrich III. 13
Heinrich IV. 13
Heinrich VII. 13
Heinrich von Istrien 78
Herzog Ernst 129
Herzog Friedrich 52
Heß 28
Hinter 16
Hinterstein 52
Hirn, Josef 139
Hirschberg, Grafen von 32
Hocher, Freiherr von 81
Hochfeiler 108
Hofer, Andreas 57, 139
Höllenkragen 36
Holzmann, Herbert 97
Holzmann, Hermann 101

157

Hörmann, Ludwig von 24
Hühnerspiel 97, 108
Huisele (Pfeifer Huisele) 101

Ibsen, Henrik 80
Illyrer 108
Innichen 128
Innsbruck 10, 12, 20 f., 29, 37, 64, 72, 84, 94, 139, 143
Inntal 12, 84, 133
Isarken 12
Italien 16, 25, 29, 84, 108, 140, 149
Italiener 21, 29

Jakob 120
Jaufen 16, 18 f., 37, 108, 128
Jaufenpaß 124
Jaufental 16, 18, 45, 100, 120, 123
Jaufenweg 114, 120, 129
Jerusalem 33, 73
Jöchl 53, 136 f.
Jöchl, Hans 137
Jöchlsthurn 137
Johann von Böhmen 80
Johannes der Täufer 28
Johannes Paul I. 36
Joseph II. 38, 40, 121

Kaiser Ferdinand 28
Kaiser Ferdinand I. 56
Kaiser Maximilian I. 56, 129, 139
Kalch 16, 18, 120
Kalchern 120
Kalte Rinne 76
Karl von Burgau, Karl 81
Karlsbad 84
Kasern 64
Kelten 128
Kematen 94, 108
Kempten 104
Kinigadner, Anton 29
Kinzen 108
Klausen 34
Kloeber, Georg von 20
Knappenkofel 41
Köch 136
Köchl 53
Kollmann 86
Kolping, Adolph 140
Konrad II. 13
Konrad von Teck 80
Konstantin 142
Kramer, Hans 72

Kraxentrager 108
Kronbühel 128
Kufstein 21

Ladritscher Brücke 28 f.
Ladurns 77
Lazzachental 56
Lechfeld 13
Leitner 149
Leitner, Gabriel 149
Leutner, Johann Georg von 138
Lidofens 77
Löffler 139
Löffler, Peter 139
Ludwig der Bayer 80
Ludwig von Brandenburg 80
Lueg 16
Lueger 57
Lurx 16, 129

Maiern 47 f., 55 f., 120
Mareit 41, 44, 47 f., 56, 96, 100, 112 ff., 118
Mareiter 37
Maria an der Lahn 36
Maria Theresia 104
Maria Trens 37
Maria Waldrast 35 f., 73
Martonys 16
Matrei 23, 34 f., 69, 72 f., 76, 94, 148
Matzes 12
Mauern 69
Mauls 142 ff.
Maultasch, Margarethe 80
Maximilian 84
Meckau, Melchior von 56
Meinhard II. 24, 78, 128
Melchior 32
Meran 80, 104, 124
Mietzens 35
Mithras 142 ff.
Mittenwald 11
Mitterwurzer, Anton 139
Mittewald 86
Moos 108, 120
Multscher, Hans 138
München 20, 84
Mussolini 138

Nassr-ed-din 80
Navis 72
Nero 78
Neuhausen 94
Neustift 140, 145
Niederdorf 145
Noè, Heinrich 77

Nonsberg 80
Nordtirol 46, 48, 72
Nößlach 60, 64
Nürnberg 13, 20

Oberackern 123
Oberau 32
Obernberg 60 f., 64, 145
Obernberger Bach 60
Obertelfes 50, 113
Österreich 21, 25 f., 29, 87, 108, 140
Otto I. 13
Otto II. 13
Otto IV. 13

Padaun 69
Padrins 61
Padua 142
Parteller, Christine 37
Passeier 144
Passeier 37, 48, 52, 144
Passeiertal 16, 46, 124
Patscherkofl 23
Paumbgartner, Laurentius 104
Paumgartner 48
Peisser 32, 38
Peisser, Stefan 32
Penser Joch 37
Perger 145
Perger, Johann 144
Persien 142
Peter 120
Pfalzen 26, 28
Pfeifer Huisele 97, 100, 104
Pfitsch 94, 96, 120, 132
Pfitscher 38
Pfitscher Joch 37, 108, 124
Pfitscher Tal 108
Pfitschtal 152
Pflersch 21, 44, 46, 48 f., 132
Pflerscher Tal 52, 56
Pflerschtal 20 f., 45, 48, 77
Pichler, Adolf 29, 72, 82
Pinder 138
Piscator, Erwin 133
Platz 12, 108
Pölsterl 136
Pontigl 12, 77
Posen 104
Pustertal 10, 12, 26, 28 f.

Quartinus 128

Raber, Vigil 132 f.
Radetzky 28
Rain 108

Rampold, Josef 108 f.
Ramung, Wilhelm 132
Rapp, Ludwig 139
Raspenstein 81 f.
Ratschings 120, 133
Ratschingser Marmorbruch 47
Ratschingser Tal 96, 100
Rattenberg 48
Reifenegg 19, 23, 120, 139
Reifenstein 106
Reschen 19
Ridnaun 37, 44, 49, 52, 56, 94, 112, 120, 132, 145
Ridnauntal 41, 45 ff., 100, 118, 152
Ried 108, 120, 133
Rifenstein, Bertold Chrelle von 120
Riffian 39 f.
Ritzail 38
Rodeneck 52
Rom 12 f., 32, 36, 138, 142
Römer 12, 19, 77, 143
Rosenheim 20
Roßkopf 149
Roßköpfl 41
Rotbachlspitze 108
Rudolf IV. 13, 128
Rudolf von Pfitsch 77
Ruepp, Joachim 122
Rust 112, 121 f.

Säben 33 f.
Sachs, Hans 132
Salurner Klause 32
Sarner 37
Sarnthein 52
Saxer, Ander 64
Schabs 28
Schall, Franz von 28
Scheffel, Joseph Viktor von 82
Scheffel, Viktor von 82 f.
Schelleberg 93, 140
Schmirn 145
Schmirntal 64
Schneeberg 42, 44 ff., 54 ff., 137, 143
Schönberg 57, 76
Schrammacher 108
Schwaben 50, 138
Schwägl, Anna Maria 104
Schwaz 46, 48, 53 f., 100
Seeber 149
Seeber, Peter 89
Seefeld 84
Sengestal 108
Septimus 12

Serles 35, 73
Serviten 35 f.
Sigismund der Münzreiche 13
Silbertal 44
Sill 9, 13, 57, 60, 64, 69, 72, 76
Simrock 82
Sojer 138
Söll, Hans Jakob von 94
Sorg, Dismas 121
Spinges 28
Sprechenstein 40
Sprechensteiner Kofel 129
St. Jakob 94, 108
St. Jodok 64
St. Kathrein 72
St. Leonhard 37
St. Martin 37, 144
Stafflach 64
Staffler, Johann J. 26
Stafler, Maria 89
Staindl, Alois 106
Stange 19, 47, 56, 120, 129
Starko 128
Starkulf 128
Starz 124
Steckholz 12
Stegen 137
Stein 108, 112
Steinach 52, 69, 72 f., 94, 144
Steinberger, Ludwig 11
Sternbach 48, 117
Sternbach, Freiherr von 52, 81
Stertinius 128

Sterzing 8, 10, 12, 16, 24 f., 28, 36 ff., 42, 44 f., 47 ff., 50, 53 f., 56, 77, 80, 83 f., 86, 89, 94, 96, 100, 106, 112, 121, 123 f 128 f., 132 f., 135 f., 138 ff., 143, 149
Sterzinger Moos 98, 100
Stilfes 36, 40, 42, 106, 128, 144 f.
Stolz, Otto 32
Storch, Paul 138
Straßberg 12, 77, 80 ff.
Strewn 136
Stubai 145
Stummelpekk 136
Südtirol 24, 117

Tacitus 128
Telfer Berg 48, 56
Telfer Weißen 41, 44, 47, 50
Telfes 41 f., 45, 52, 56, 112, 128
Thaler, Thomas 37
Thinnebach 34
Thuins 56, 112 f., 121, 128, 144
Tirol 12 f., 19 f., 24, 26, 29, 46 f., 52, 80 ff., 84, 87, 94, 100, 114, 128, 137, 139 ff., 144 f.
Tiroler 20, 23
Toblach 145
Tofring 77
Toldern 64

Trajan 78
Trautson 38, 40, 60, 73, 108, 120
Trens 33, 36 ff., 124, 128
Tribulaun 52, 60 f., 77
Trient 52, 85
Trins 72
Tschöfs 16, 128, 133, 140
Tschögglberg 39
Tulfer 108, 123
Tuxer Alpen 68
Tuxer Joch 64
Übertalferner 120

Ulm 138
Ulrich II. 35
Ungarn 16, 29
Unterackern 123
Unterau 26, 28 f., 32
Unterried 12
Untertelfes 44, 113

Vahrn 29
Valentin 36
Valgenäun 40
Vallming 77
Valmezon 120
Valser Tal 64, 68 f.
Venedig 12 f., 36, 50, 142
Venetien 29
Venus 40
Verona 20 f.
Vill 129
Vinaders 64
Vipiteno 128
Vipitenum 8
Volkmar von Burgstall 80

Waldraster Sattel 35
Weber, Beda 77, 82
Weißspitz 108
Weller, Anton 138
Wenzel, Franz Andrä 117
Wieland 83
Wien 48, 87, 143, 145, 149
Wiener Kongreß 26
Wiesen 45, 50, 56, 94, 108, 123
Wild, Johann von 138
Wildenburg 138
Wipptal 8 ff., 16, 21, 26, 28 f., 32, 34, 36, 41, 45 f., 48, 54, 56 f., 64, 68, 73, 76, 78, 81, 84, 86 f., 89, 92 ff., 96 f., 100, 113, 118, 121, 128, 132, 138, 139 f., 143 f., 148 f., 152
Wipptaler 40
Witwenbrunnen 50
Wöhr 108
Wolfenburg 82
Wolfenthurn 38
Wolfger 78
Wolfsthurn 48, 50, 114, 117 f.
Wolkenstein, Marx Sittich von 54
Württemberg 50

Zacharias 23, 139
Zillertal 124
Ziroger Alm 97

Dank

Autoren und Verlag danken der Bezirksgemeinschaft Wipptal für die großzügige Förderung dieses Buches. Deren Präsident Dr. Ferdinand Rainer hat sich hierbei als verdienstvoller Freund der Kultur seiner Heimat erwiesen. Den Autoren ist es ein besonderes Anliegen, Herrn Dr. Rudolf Pichler, Sterzing, ein herzliches Dankeschön zu sagen. Er hat dem Thema dieses Bandes großes Interesse entgegengebracht und ist durch gute Anregungen am Gelingen dieses Buches beteiligt.
Ein Dank gilt auch Herrn Dr. Reinhard Fuchs, der die historischen Aufnahmen zur Verfügung gestellt hat.